LA PLÉNITUDE DE L'ESPRIT

LA PLÉNITUDE DE L'ESPRIT

William M. Greathouse

EDITIONS FOI ET SAINTETÉ
Lenexa, Kansas (E.U.A.)

Publié par
Les Éditions Foi et Sainteté
17001 Prairie Star Parkway
Lenexa KS 66220 (E.U.A.)

The Fullness of the Spirit
par William M. Greathouse
Copyright © 1958
Published by Beacon Hill Press of Kansas City
A division of Nazarene Publishing House
Kansas City, Missouri 64109 USA

Sauf indication contraire, les citations bibliques renvoient à la version Segond. Les italiques et les parenthèses que l'on rencontrera dans les textes bibliques son de l'auteur.

Traduction par Roberto Manoly et Gene Smith.

Première édition française : 1996
Réimpression : 2009

ISBN 978-1-56344-377-0

DIGITAL PRINTING

INTRODUCTION À L'ÉDITION FRANÇAISE

"Je crois au Saint-Esprit..." est l'affirmation souvent répétée du Credo des Apôtres. Que signifie-t-elle? Comment devons-nous comprendre qui le Saint-Esprit est et quelle est la nature de Son oeuvre dans la vie du croyant?

Le Dr William Greathouse, surintendant général de l'Église du Nazaréen, adresse le sujet de "La plénitude de l'Esprit" dans ce livre. Il écrivit le livre alors qu'il servait comme pasteur de la Première Église du Nazaréen de Nashville, dans le Tennessee (E.U.A.) et professeur au Trevecca Nazarene College. La simplicité du style dans le traitement de ce sujet difficile en facilite la compréhension.

Jésus a promis un autre Consolateur en ces termes: "Et je prierai le Père, qui vous donnera un autre Consolateur, afin qu'il soit éternellement avec vous" (Jean 14:16, *Synodale*). Nous sommes intéressés, en tant que chrétiens, dans l'accomplissement de cette promesse. Une étude soigneuse de ce livre et des textes bibliques suggérés offrira une base pour la compréhension de la personne et de l'oeuvre du Saint-Esprit dans la vie du croyant. La soumission et l'obéissance à la direction du Saint-Esprit produiront une conscience de la joie de Sa présence.

Que votre étude vous soit agréable! Elle peut changer votre vie.

PRÉFACE À L'ÉDITION ANGLAISE

Feu le Dr Roy T. Williams faisait souvent cette recommandation aux candidats au ministère: "Honorez le Sang; honorez le Saint-Esprit." Ce petit volume poursuit un but assez simple, celui d'honorer le Saint-Esprit.

Il est vrai que le Saint-Esprit ne cherche pas à être honoré. Il semble manifester "une tendance incurable à l'effacement". Jésus a déclaré: "Quand il viendra, lui, l'Esprit de vérité. . . il ne parlera pas de lui-même. . . Il me glorifiera" (Jean 16:13-14, *Jérusalem*). Son oeuvre est d'exalter notre Seigneur Jésus-Christ. Nous vivons, néanmoins, dans l'ère particulière du Saint-Esprit. A la Pentecôte, Il a été donné à l'Église et, à travers l'Église, au monde. Dans l'économie de Dieu Il est l'Agent du salut personnel, dans cette ère de la Pentecôte. Tout ce que Dieu fait *dans* l'homme, Il le fait par l'Esprit. Il est Dieu à l'oeuvre dans les replis intérieurs de la personnalité humaine. Il est par conséquent important pour nous de décrire de notre mieux l'oeuvre de la Troisième Personne de la Trinité adorable.

L'entière sanctification ou la perfection chrétienne est l'oeuvre suprême du Saint-Esprit. La doctrine distinctive dans la tradition wesleyenne est l'enseignement selon lequel le coeur du croyant chrétien est rendu pur du péché et parfait dans l'amour, par le Don du Saint-Esprit dans la plénitude de la Pentecôte. Par ce Don, il reçoit aussi le pouvoir d'accomplir un service chrétien effectif et un témoignage personnel. Si la précieuse doctrine de l'entière sanctification doit être gardée vitale et virile, le Saint-Esprit doit être honoré dans notre pensée et dans notre expérience. "Les croyances deviennent rarement des doutes; elles se transforment plutôt en rituels." Elles meurent et nous les embaumons en toute sûreté dans nos credos et nos rituels. *La garantie la plus sûre contre cette menace est une ouverture complète à l'Esprit.* Ce livre aura atteint son but s'il aide, dans une certaine mesure, à créer un tel intérêt, une telle sensibilité au Saint-Esprit. L'auteur ne prétend pas avoir traité le sujet d'une manière originale ou exhaustive. Son objectif est simplement de suggérer et de sensibiliser (. . .).

—William M. Greathouse

CHAPITRE 1

LA VIE DANS L'ESPRIT

"Si nous vivons par l'Esprit, marchons aussi selon l'Esprit" (Galates 5:25).

A la fin d'un sermon adressé aux étudiants d'une université chrétienne, le Dr Daniel I. Vanderpool — alors surintendant général de l'Église du Nazaréen — leur dit: "Il est merveilleux d'être né de l'Esprit et d'être rempli de l'Esprit, mais il est tout aussi merveilleux — et tout aussi important — d'apprendre à *vivre* et à *marcher* selon l'Esprit." Puis il demanda à ses jeunes auditeurs: "Maintenant que vous êtes sauvés et sanctifiés, qu'est-ce que vous allez faire?"

Le Dr Vanderpool soulignait donc la vérité cardinale, à savoir que la vie selon l'Esprit dépend d'une consécration, d'une obéissance et d'une confiance croissantes. James B. Chapman — un autre surintendant général — faisait assez souvent remarquer que la présence de l'Esprit dans notre vie est semblable à la lumière qui remplit une chambre, la nuit. La lumière est présente aussi longtemps que les conditions qui la rendent possible son favorables. A cause de cela, le Dr Chapman faisait souvent remarquer que nous devons penser à la *condition* plutôt qu'à l'état de sainteté. L'apôtre Jean a exprimé cette condition d'une façon inoubliable: "Si nous marchons dans la lumière, comme il est lui-même dans la lumière, nous sommes mutuellement en communion, et le sang de Jésus son Fils nous purifie de tout péché " (1 Jn. 1:7).

Les deux crises initiales de l'expérience chrétienne sont essentielles à la vie spirituelle. L'homme inconverti doit naître de nouveau avant d'avoir la vie en Dieu. L'homme justifié doit être baptisé du Saint-Esprit s'il doit connaître la vie dans sa plénitude. Etre régénéré et sanctifié entièrement c'est *vivre* selon l'Esprit. "Si nous vivons par l'Esprit, *marchons* aussi selon l'Esprit." Il nous faut demeurer en communion avec le Saint-Esprit. Ayant cessé de compter sur notre propre force, nous devons apprendre à vivre et à travailler en fonction de la puissance du Consolateur qui demeure en nous. Nous devons apprendre ce que c'est que de vivre une vie contrôlée par l'Esprit en nous soumettant à chaque instant à Sa seigneurie. Nous étant rendu compte que nous dépendons de Lui, nous devons découvrir le privilège d'être conduits par l'Esprit. Reconnaissant que nous sommes spirituellement pauvres en dehors de Lui, nous devons apprendre à prier selon l'Esprit. Gardant nos coeurs ouverts à Son tendre sondage, nous devons Lui permettre d'examiner notre vie, de les émonder et de les cultiver, afin que nous puissions porter le fruit de l'Esprit.

Quelles sont les caractéristiques de la vie selon l'Esprit? Une réponse complète à cette question nous mènerait bien au-delà des limites de ce petit livre, car la vie remplie de l'Esprit est comme un diamant aux facettes multiples. Nous nous proposons de considérer cette vie sous quatre angles.

A. UNE VIE D'ASSURANCE

L'un des plus grands désirs de l'esprit humain est celui d'être accepté. La vie devient presque intolérable à moins que nous n'ayons la sécurité de l'amour; mais si nous savons que quelqu'un s'intéresse vraiment à nous, nous pouvons alors supporter presque n'importe quoi. Et quand ce Quelqu'un-là est Dieu Lui-même, la vie a alors trouvé sa sécurité et sa paix ultimes. John Wesley mentionne dans son *Journal* une expérience que beaucoup d'entre nous peuvent comprendre. A la date du 24 mai 1738, il écrit: "Dans la soirée, je me rendis à contrecoeur à une société, à la rue Aldersgate, où j'entendis quelqu'un lire la préface de Luther à *l'épître aux Romains*. Vers neuf heures moins un quart, tandis qu'il décrivait le changement que Dieu opère dans le coeur par la foi en Christ, je sentis que mon coeur se réchauffait étrangement. Je sentis que je me confiais en Christ, en Christ seul pour mon salut; et je reçus l'assurance qu'Il avait ôté *mes* péchés, et qu'il *me* sauvait de la loi du péché et de la mort." Ce témoignage est devenu classique. Il est important, parce qu'il indique quelque chose se rapportant à la nature de l'assurance chrétienne.

1. *Le témoignage de l'Esprit*

La Parole déclare: "L'Esprit lui-même rend témoignage à notre esprit que nous sommes enfants de Dieu" (Rom. 8:16). Il est difficile d'expliquer, à quelqu'un qui n'a pas fait l'expérience, ce que nous entendons par le témoignage de l'Esprit. Bernard de Clairvaux a dit d'une manière poétique: "L'amour de Jésus, seuls Ses bien-aimés savent en quoi il consiste." Mais avec Wesley nous pouvons peut-être dire que le témoignage de l'Esprit est "une impression intérieure sur l'âme, par laquelle l'Esprit de Dieu rend témoignage immédiatement et directement à mon esprit que je suis un enfant de Dieu, que Jésus-Christ m'a aimé et s'est donné Lui-même pour moi; que tous mes péchés sont effacés et que *moi, même moi,* je suis réconcilié avec Dieu[1]." Le pénitent qui cherche Christ ardemment arrive au point où il s'abandonne intérieurement, et il sait que Dieu l'accepte. "Celui qui croit au Fils de Dieu a ce témoignage en lui-même" (1 Jean 5:10). Il est difficile d'aller au-delà d'une telle affirmation. Pensez à la belle phrase de Paul aux Galates: "Et parce que vous êtes fils, Dieu a envoyé dans nos coeurs l'Esprit de son Fils, lequel crie: Abba! Père!" (Gal. 4:6). Par l'Esprit d'adoption, le pécheur pardonné est capable de s'adresser à Dieu, disant: "Père!" C'est ce que nous appelons le témoignage *direct* de l'Esprit.

Au témoignage direct du Saint-Esprit s'ajoute le témoignage *indirect* de notre propre esprit. L'Esprit de Dieu "rend témoignage à notre esprit". Son Esprit et le mien s'unissent pour témoigner que je suis passé de la condamnation à l'acceptation et à la filialité. Ce témoignage indirect confirme le témoignage direct, me donnant l'assurance que je n'abuse pas de la bonté de Dieu. Mon propre esprit me fait percevoir que je suis une nouvelle créature en Christ. *Je* *sais* que "les choses anciennes sont passées; voici toutes choses sont devenues nouvelles" (2 Cor. 5:17).

Les pharisiens ont posé à l'aveugle de naissance (Jean 9:1-34) des questions auxquelles il ne pouvait répondre. Cependant ils ne pouvaient lui imposer silence! "Je sais une chose", disait-il, "c'est que j'étais aveugle et que maintenant je vois" (Jn. 9:25). Fait incontestable! Nous possédons aussi le même genre d'évidence indisputable, si nous avons rencontré le Christ. "Car Dieu, qui a dit: La lumière brillera du sein des ténèbres! a fait briller la lumière dans nos coeurs pour faire resplendir la connaissance de la gloire de Dieu sur la face de Christ" (2 Cor. 4:6). Je me suis approché de Jésus et j'ai trouvé la lumière, la paix et le pardon de mes péchés! "Si nous gardons ses commandements, par là nous savons que nous l'avons connu" (1 Jn. 2:3). Le même écrivain sacré ajoute: "Nous savons que nous sommes passés de la mort à la vie, parce que nous aimons les frères... Par là nous connaîtrons que nous sommes de la vérité, et nous rassurerons nos coeurs devant lui" (1 Jn. 3:14, 19).

Par ailleurs, le Saint-Esprit et notre esprit rendent aussi témoignage à notre entière sanctification. ''Mais comment savez-vous que vous êtes sanctifié, sauvé de votre corruption innée?'', demande John Wesley. Il y répond comme suit: ''Je ne puis le savoir autrement que je sais que je suis justifié. 'Par là, nous savons que nous sommes de Dieu', dans les deux cas, 'par l'Esprit qui nous a été donné'. Nous savons cela par le *témoignage* et par le *fruit* de l'Esprit.[2]''

Wesley continue en faisant remarquer que le témoignage n'est pas toujours le même, dans la justification ou dans la sanctification. Parfois il est clair et distinct; parfois encore il est plus faible. ''Et parfois même il semble s'effacer. Mais, en général, le témoignage subséquent de l'Esprit est aussi clair et aussi ferme que le précédent.'' Le chrétien consacré doit attendre ce témoignage dans une joyeuse attente, sans inquiétude mais dans le repos, ayant pleine confiance que l'Esprit viendra et se révélera à Sa manière. ''Et soudain entrera dans son temple le Seigneur que vous cherchez'' (Mal. 3:1). Le témoignage est souvent accompagné d'extase, ce qui dans le temps devient de l'amour paisible. Quand l'Esprit vient en nous pour y demeurer, la surabondance de Sa présence forme des fleuves d'amour christique. ''Nous le savons par le témoignage et par le fruit de l'Esprit.''

2. *Le sceau de l'Esprit*

Dans la deuxième épître aux Corinthiens nous rencontrons une vérité similaire, à savoir que Dieu ''nous a aussi marqués d'un sceau et a mis dans nos coeurs les arrhes de l'Esprit'' (2 Cor. 1:22). C'est là une vérité à la foi émouvante et précieuse. Les lettres et les documents officiels de toutes sortes étaient, à cette époque, scellés avec un cachet de cire. Un peu de cire chaude était apposé sur la lettre ou le document; l'envoyeur ou le signataire pressait ensuite son cachet sur la cire, formant un sceau officiel. *Le Saint-Esprit dans la vie du croyant est le sceau divin d'approbation apposé sur sa vie.* "Le solide fondement de Dieu reste debout, avec ces paroles qui lui servent de *sceau:* Le Seigneur connaît ceux qui lui appartiennent; et: Quiconque prononce le nom du Seigneur, qu'il s'éloigne de l'iniquité" (2 Tim. 2:19). Si le coeur soumis est la cire chaude et plastique, le Saint-Esprit est Celui qui appose le sceau — et l'image de Christ est la marque visible d'identification. Le sceau est à la fois une assurance pour le croyant et un signe pour le monde. Certains se demandent si l'on peut savoir que l'on est entièrement sanctifié, étant donné qu'aucun homme ne peut connaître les profondeurs cachées de son propre coeur. *Mais Dieu le sait.* "Et Dieu, qui connaît les coeurs, leur a rendu témoignage, en leur donnant le Saint-Esprit... ayant purifié leurs coeurs par la foi" (Ac. 15:8-9). "Le solide fondement de Dieu reste debout."

La métaphore des *arrhes* (2 Cor. 1:22) suggère une autre vérité admirable. Les *arrhes,* c'est le paiement partiel qui scelle une affaire, et oblige l'acheteur et le vendeur à conclure la transaction. Le don de l'Esprit est le premier acompte du trésor infini que Dieu nous accordera dans le ciel. Tant que nous marchons dans l'Esprit nous avons la *garantie,* plus l'*avant-goût* du ciel. Cela dépend, bien sûr, de notre marche continue dans la lumière; mais tant que l'Esprit demeure en nous et que le sceau n'a pas été brisé, nous avons l'assurance du ciel. La vie éternelle n'est pas simplement pour le futur; c'est une expérience présente qui se poursuit jusque dans l'éternité. Comme le dit si bien le cantique évangélique:

Quelle assurance, je suis sauvé!
Quelle avant-goût du ciel m'est donné!

Comment le ciel sera-t-il? Il sera l'accomplissement de l'amour, de la joie et de la paix que nous connaissons maintenant en Christ, mais élevés à la mesure de l'infini! "Or, la vie éternelle, c'est qu'ils te connaissent, toi, le seul vrai Dieu, et celui que tu as envoyé, Jésus-Christ" (Jn. 17:3). Le ciel, ce n'est pas essentiellement des murs de jaspe et des rues d'or — le ciel c'est Dieu Lui-même. Connaître Dieu, c'est avoir un avant-goût du ciel. Paul appelle une telle expérience les arrhes de l'Esprit (Voyez Eph. 1:13-14).

B. UNE VIE CONTRÔLÉE PAR L'ESPRIT

Nous tournons le diamant pour en admirer une autre facette: "Le fruit que porte l'Esprit, c'est... la maîtrise de soi" (Gal. 5:22-23, *Synodale*). Bien que l'expérience de l'amour parfait soit glorieuse, "nous portons ce trésor dans des vases de terre" (2 Cor. 4:7). Et nous ne pouvons perdre ce fait de vue sans détruire la magnifique symétrie de la sainteté présentée dans la Bible. Le Saint-Esprit sanctifie, mais Il n'élimine pas la nature humaine. "Car le Fils de l'homme est venu, non pour perdre les âmes des hommes, mais pour les sauver" (Luc 9:56). Comment interpréter une telle déclaration?

Le livre de la Genèse nous révèle que l'homme créé à l'image de Dieu était saint. Sa vie était ordonnée et harmonieuse, complète et intégrée. Vivant en parfaite communion avec Dieu, sa vie entière était sous le contrôle sanctificateur de l'Esprit de Dieu. Mais quelque chose est arrivée à la nature humaine. Par sa chute, l'homme a perdu le don du Saint-Esprit, et la gloire de Dieu s'est éloignée. En conséquence, les bas instincts de l'homme — ses impulsions égoïstes et sensuelles —

en sont venus à dominer son esprit. Séparé de Dieu, l'homme est devenu une créature de la chair. Sa vie est passée d'une magnifique situation théocentrique à une misérable situation égocentrique.

Il appartient au Saint-Esprit de restaurer l'ordre et l'harmonie originels de la nature humaine. Cela ne signifie pas que nous sommes ramenés à la perfection adamique, car notre humanité porte les marques histo-riques du péché de la race. Seul le Christ omnipotent peut, à Sa seconde venue, effacer les effets du péché de la nature humaine. Mais, par le don de l'Esprit dans cet âge, nous pouvons être changés de personnes égoïstes en des êtres théocentriques. Par la grâce régénératrice et sanctificatrice du Saint-Esprit, notre nature humaine corrompue et désordonnée peut être transformée selon l'ordre et la beauté christiques. Par la présence du Saint-Esprit en moi, mon être tout entier est soumis, une fois de plus, à l'influence de Dieu. "Car — chose impossible à la loi, parce que la chair la rendait sans force, — Dieu a condamné le péché dans la chair, en envoyant, à cause du péché, son propre Fils dans une chair semblable à celle du péché, et cela afin que la justice de la loi fût accomplie en nous, qui marchons, non selon la chair, mais selon l'esprit... Or ceux qui vivent selon la chair ne sauraient plaire à Dieu. Pour vous, vous ne vivez pas selon la chair, mais selon l'esprit, si du moins.l'Esprit de Dieu habite en vous... Si vous vivez selon la chair, vous mourrez; mais si par l'Esprit vous faites mourir les actions du corps, vous vivrez" (Romains 8:3-4, 8-9, 13). *Dans le corps mais pas dans la chair* — cela ne s'adresse pas aux saints dans le ciel, mais aux saints vivants à Rome.

La signification du mot "chair"

Tant que nous vivrons dans la chair, nous éprou-verons une certaine tension entre la chair et l'esprit.

Cette tension est une partie de notre existence probatoire, et elle est essentielle au développement de la foi et de la sainteté. Paul, un saint mûr dans la foi, écrivit: "Mais je traite durement mon corps et je le tiens assujetti, de peur d'être moi-même rejeté, après avoir prêché aux autres" (1 Cor. 9:27). Et Jacques nous avertit qu'une forme de tentation consiste dans l'éveil du désir (Jac. 1:13-14). Cette tentation est la suggestion de gratifier un désir normal en dehors de l'harmonie avec la volonté de Dieu, et elle réussit souvent à éveiller une réponse de la nature prise d'appétit. Cela, toutefois, ne peut être considéré nécessairement comme péché. Le péché ne fait son apparition que lorsque la volonté donne son consentement. Aussi longtemps que je dise *non,* je n'ai pas commis de péché. "Ne succombez pas à la tentation, car y *succomber c'est pécher.*" Mais attention! L'imagination opposée à la volonté est une bataille inégale. Ce qui possède votre imagination vous possède éventuellement; vous tourner immédiatement vers Christ est, par conséquent, votre meilleure sécurité.

Nous pouvons donc conclure que nos appétits sont aveugles et ne raisonnent pas. Ils ne connaissent ni le bien ni le mal — ils crient simplement pour la satisfaction. Mais Dieu nous a donné la raison pour contrôler nos désirs, et l'homme sanctifié ne fait pas exception à cette règle. Celui qui est sanctifié, toutefois, a fermé la porte de sa vie au péché; il s'est revêtu du Seigneur Jésus-Christ et, ainsi, ne fait aucune place à la chair (Rom. 13:14). "Ceux qui sont à Jésus-Christ ont crucifié la chair avec ses passions et ses désirs" (Gal. 5:24). Il remplit son esprit de ces choses qui sont "véritables", "honnêtes", "justes", "pures", "aimables", et "de bonne réputation" (Phil. 4:8, *Ostervald*). *Mais, en plus de cela, il vit selon la puissance de l'Esprit qui habite en lui.* Grâce à cette puissance, il est capable de résister à toute tentation et de glorifier Dieu dans son corps. C'est le secret révélé de la vie sainte.

Dans le Nouveau Testament, cependant, le mot *chair* signifie beaucoup plus que des désirs effrénés. Quelques-uns des traits les plus révélateurs de la nature charnelle sont les péchés d'égoïsme: l'envie, l'orgueil, la jalousie, la colère, et les choses semblables (1 Cor. 3:1-4; Gal. 5:20-21). Nous devons non seulement mortifier les impulsions de notre corps mais aussi contrôler notre égoïsme naturel, en marchant selon l'Esprit. Jésus a dit: "Tu aimeras ton prochain *comme toi-même.*" Par nature, nous sommes excessivement égoïstes. Comparant la nature humaine aux deux plateaux d'une balance, nous pouvons dire qu'en dehors de la grâce de Dieu, nous pesons très lourd et sommes très inclinés vers notre moi. Nous pouvons faire osciller les plateaux dans un sens ou dans un autre, mais nous ne pouvons jamais, par nos seuls efforts, établir l'équilibre entre notre moi et les autres humains! *Cependant, par le don de l'Esprit, DIEU pose Ses mains sur les plateaux de la balance de notre vie et les met en équilibre!* Pour maintenir cet équilibre, nous devons "marcher selon l'Esprit". Mais à mesure que nous marchons ainsi, "l'amour de Dieu est versé dans nos coeurs par le Saint-Esprit", et nous sommes rendus capables de garder le second grand commandement.

Nous croyons, par conséquent, que les Écritures enseignent *l'éradication* et *la maîtrise de soi* — notre purification radicale du péché et la discipline de notre moi légitime. Les deux vérités ne sont pas contradictoires mais complémentaires.

C. UNE VIE DE COMMUNION

Dans sa formule de bénédiction aux Corinthiens, Paul parle de "la communion du Saint-Esprit" (2 Cor.

13:13, *Synodale*). Cette phrase suggère l'un des aspects les plus précieux et les plus sacrés de la vie remplie de l'Esprit. Y a-t-il rien de plus glorieux que la présence de Dieu demeurant dans ma personnalité? La gloire de Dieu (*schekina*) rayonnant en moi! Combien je dois chérir Sa présence et cultiver Sa communion! Combien je dois m'évertuer à ne jamais attrister l'Esprit Saint ou éteindre Son amour! Je dois maintenir la paix de Dieu dans la citadelle de mon âme, à n'importe quel prix.

1. *Conduit par l'Esprit*

"Car tous ceux qui sont conduits par l'Esprit de Dieu son fils de Dieu" (Rom. 8:14).

> *Guide-moi, ô Toi grand Jéhovah,*
> *Pèlerin à travers cette terre déserte!*

Si quelques-uns d'entre nous ont tendance à Le devancer dans notre zèle, d'autres, par contre, sont en danger de rester en arrière. Nous devrions nous évertuer à vivre là où nous pouvons entendre les plus légers murmures de Sa voix. Quand le Dr E. Stanley Jones fut élu évêque de l'Église Méthodiste, la *Voix intérieure* lui murmura: "Je veux que tu ailles en Inde." Et le Dr Jones déclina le titre le plus important que son Église pouvait lui conférer. Parfois, il n'est pas si facile de recevoir Ses signaux — nous devons alors prier jusqu'à ce que la clameur du désir humain cesse. Mais combien il est doux de savoir — et d'obéir! Parfois, cependant, il nous arrive de ne pas pouvoir découvrir cette direction intérieure. Que faire alors? Nous pouvons alors chercher en toute sécurité le conseil d'amis spirituels qui peuvent étudier notre situation objectivement. L'Esprit guidait souvent les apôtres par l'intermédiaire d'autres disciples qui étaient familiers avec Ses voies (Actes 11:28-30; 21:10-11, etc.). Il y a des occasions même où il semblerait que Dieu nous laisse prendre nos propres décisions. Tout comme un parent sage se réjouit de la maturité de jugement de son fils, de même notre Père céleste se réjouit de nos choix sanctifiés. Mais, même dans ces choix, nous sommes guidés *indirectement* par l'Esprit quand nous ne désirons faire que ces choix qui glorifieraient Dieu.

Il y a une autre phase importante de la direction de l'Esprit: Il nous guide dans la vérité comme elle est en Jésus (Jean 16:13). Cela a une signification très profonde dans le développement du caractère chrétien. L'un de nos besoins les plus urgents est de trouver le secret d'une stabilité émotionnelle. Une saine émotion dérive, en fait, de quelque chose de plus profond.

> Les vérités vues et réalisées avec l'aide du Saint-Esprit produisent un éclat de sentiment. Quand la vérité devient familière, il est probable que l'éclat de sentiment diminue ou s'affaiblit dans la conscience. Le résultat du flux et du reflux de l'expérience émotionnelle a souvent été une occasion de difficulté pour les chrétiens jeunes et inexpérimentés. Beaucoup ont follement recherché le sentiment religieux en tant que tel. Le facteur essentiel, toutefois, dans le développement de la vie émotionnelle du chrétien, c'est de scruter la Parole pour y découvrir de nouvelles vérités, ou de solliciter la direction de l'Esprit dans les aspects les plus profonds de la vérité déjà connue. Le sentiment, coupé de la vérité, conduit à un dangereux fanatisme, mais la vérité qui donne naissance à une forte émotion devient une puissance suprême dans la vie de sainteté[3].

Nous n'avons aucune raison de douter de la fidélité de l'Esprit pour nous aider à ce point. Jésus nous assure que lorsque l'Esprit de vérité sera venu, Il nous conduira dans toute la vérité (Jean 16:13).

2. Prier dans l'Esprit

La découverte d'une vie de prière satisfaisante est un autre facteur essentiel pour vivre une vie sainte. Mais,

Dieu soit loué, "l'Esprit vient en aide à notre faiblesse. Car nous ne savons pas ce que nous devons demander, pour prier comme il faut; mais l'Esprit lui-même intercède pour nous par des soupirs inexprimables. Et Celui qui sonde les coeurs sait quelle est la pensée de l'Esprit, parce que c'est selon Dieu qu'il intercède en faveur des saints" (Rom. 8:26-27, *Synodale*). L'apôtre Jude avait-il cela à l'esprit en écrivant: "Priez dans le Saint-Esprit" (Jude 20, *Maredsous*)? L'auteur doit confesser qu'avant l'entrée du Consolateur dans sa vie, pour y demeurer, il connaissait très peu d'une vie de prière riche et satisfaisante. Alors, étonné, il trouva une fenêtre de son âme tournée vers Jérusalem! Commentant l'assertion de Paul dans l'épître aux Romains, le Dr J.A. Huffman dit: "Que les soupirs inexprimables ou indicibles [soient ceux de l'esprit humain, provoqués par le Saint-Esprit, ou qu'ils soient les soupirs] du Saint-Esprit, lui-même, le résultat de l'intercession est que le fardeau, l'attente, les soupirs, les gémissements, les larmes sont élevés avec efficacité devant le trône de la grâce, et là ils sont traduits en une pétition intelligente devant Dieu[4]." La prière maintient la voie ouverte à l'afflux du Saint-Esprit.

3. *Etre rempli de l'Esprit*

L'apôtre Paul exhorte les Romains "Maintenez vive et claire la flamme que l'Esprit a allumée en vous" (Rom. 12:11b, *Transcription d'Alfred Kuen*). Aux Éphésiens, il écrit: "Soyez remplis de l'Esprit" (Éphésiens 5:18). Cette dernière exhortation se lit littéralement: "Remplissez-vous constamment du Saint-Esprit." Nous devons maintenir ouvertes les sources (d'eau vive) de l'Esprit. Mais parfois, sous la pression de la vie quotidienne, l'ardeur de notre dévotion tend à se refroidir; il nous faut alors solliciter une nouvelle onction. Nous devons faire face au flux et au reflux de l'émotion, aux effets de la maladie et du désappointement, et à un miller d'autres infirmités de la chair. Il y a même des périodes de tristesse spirituelle, quand Dieu semble s'éloigner de nous afin d'éprouver l'ardeur de notre dévotion. Parce que nous portons ce trésor dans des vases de terre, nous devons passer par des renouvellements répétés de l'Esprit. Nous devons maintenir, à tout prix, la réalité spirituelle. Nous devons constamment rechercher le renouvellement en Dieu.

> *Viens Esprit du Dieu vivant, sois le Maître en moi!*
> *Sonde-moi, courbe-moi, brise-moi, façonne-moi.*
> *Viens Esprit du Dieu vivant, viens et règne en moi!*

4. *Vivre dans la puissance du Consolateur demeurant en nous*

L'auteur du présent ouvrage a vécu durant plusieurs années une vie chrétienne insatisfaisante. Animé d'une sincérité dans le but poursuivi et d'une détermination de la volonté, il s'efforçait de vivre une vie consacrée, à l'exemple de Christ. Mais c'était comme s'il essayait d'agir de sa propre force. Puis un jour, il s'examina honnêtement et admit qu'il n'avait pas la puissance de réserve du Saint-Esprit dont les autres lui en vantait l'efficacité. Avec un coeur affamé, il se mit à lire les paroles de Jésus consignées dans le quatorzième chapitre de l'évangile selon Jean: "Si vous m'aimez, gardez mes commandements. Et moi, je prierai le Père, et il vous donnera un autre consolateur, afin qu'il demeure éternellement avec vous, l'Esprit de vérité, que le monde ne peut recevoir, parce qu'il ne le voit point et ne le connaît point; mais vous, vous le connaissez, car il demeure avec vous, et il sera en vous... Celui qui a mes commandements et qui les garde, c'est celui qui m'aime; et celui qui m'aime sera aimé de mon Père, je l'aimerai, et je me ferai connaître à lui"

(Jean 14:15-17, 21). Quelque part, au cours de la lecture de cet étonnant passage, son coeur se mit à brûler au dedans de lui — avec une conscience intuitive qu'il savait que le Saint-Esprit était venu en personne pour demeurer en lui! La foi qui saisit les promesses lui était donné presque inconsciemment, mais *le Consolateur était venu.* Une porte fut ouverte instantanément dans le saint des saints. La futilité fut engloutie dans la plénitude, l'impuissance dans la puissance. Depuis ce glorieux jour, sa vie a connu un nouveau niveau de victoire. Car "ce n'est ni par la puissance ni par la force, mais c'est par mon esprit, dit l'Eternel des armées" (Zach. 4:6). "Pour nous qui avons cru, nous entrons dans le repos... Il y a donc un repos de sabbat réservé au peuple de Dieu. Car celui qui entre dans le repos de Dieu se repose de ses oeuvres comme Dieu s'est reposé des siennes" (Héb. 4:3, 9-10).

Thomas Cook — évangéliste méthodiste du dix-neuvième siècle — raconte l'histoire d'une jeune mariée qui trouva que tout ce qu'elle essayait de faire dans la maison allait de travers. Elle faisait de son mieux, mais les difficultés auxquelles elle faisait face étaient telles qu'elle se trouva presque dans un état de désespoir. Un jour, elle se sentit si découragée qu'elle s'assit et se mit à pleurer. Elle fut troublée par quelques coups frappés à la porte, et elle y trouva un messager qui lui remit un télégramme annonçant l'arrivée de sa mère. Soudain, toute son inquiétude se dissipa. "Quand maman arriva", dit-elle plus tard, "toute mon anxiété disparut. Ce que je ne pouvais faire, maman le pouvait, et quand elle était avec moi, j'étais de tout repos." "Déchargez-vous sur lui de tous vos soucis, car lui-même prend soin de vous" (1 Pi. 5:7).

> *Qu'il est doux de se confier en Jésus,*
> *Pour bannir le péché et le moi;*

Et recevoir simplement de Lui:
   Vie, repos, parfaite paix et joie.
      —Louisa M. R. Stead

D. UNE VIE FRUCTUEUSE

Quand Dieu appela Abraham, Il lui dit: "Je te béni-rai . . . et tu seras une source de bénédiction" (Gen. 12:2). Il ne nous accorde pas Sa grâce afin que nous puissions l'exploiter égoïstement. Non, Il nous bénit afin que nous puissions être, à notre tour, une bénédiction pour les autres. "Je suis le vrai cep" dit Jésus, "et mon Père est le vigneron. Tout sarment qui est en moi et qui ne porte pas de fruit, il le retranche; et tout sarment qui porte du fruit, il l'émonde, afin qu'il porte encore plus de fruit. Si vous portez beaucoup de fruit, c'est ainsi que mon Père sera glorifié et que vous serez mes disciples" (Jean 15:1-2, 8). Il ne fait pas de doute que "c'est donc à leurs fruits que vous les reconnaîtrez" (Matt. 7:20).

Quand le Saint-Esprit vient dans Sa plénitude, nos pouvoirs naturels sont vitalisés, nos capacités qui som-meillaient sont stimulées, nos possibilités humaines sont renforcées. L'esprit reçoit une nouvelle vivacité de com-préhension et une nouvelle acuité de discernement. Le coeur trouva une nouvelle simplicité de motif et une nouvelle intensité de dévotion. Nous commençons alors à devenir efficaces pour Dieu.

Cette situation constitue, toutefois, un problème pour beaucoup de chrétiens sincères. Ils ont des idées préconçues à propos de la manière dont l'Esprit de Dieu les emploiera. Ils s'attendent à être dotés de pouvoirs merveilleux et miraculeux pour servir dans l'Église et gagner les âmes à Christ. Ils ont appris comment Dieu a transformé des gens ordinaires en des merveilles de puissance, et ils espèrent vainement le même résultat dans leur propre vie. Ils sont ainsi jetés dans la confusion et la détresse. On doit rappeler à de telles personnes qu'il y a une différence fondamentale entre les *dons* et le *fruit* de l'Esprit.

1. *Les dons de l'Esprit*

"Il y a diversité de dons", dit l'apôtre Paul, "mais le même Esprit; diversité de ministères, mais le même Seigneur; diversités d'opérations, mais le même Dieu qui opère tout en tous. Or, à chacun la manifestation de l'Esprit est donnée pour l'utilité commune" (1 Cor. 12: 4-7). Deux vérités méritent, ici, d'être considérées.

(a) *Il y a une multiple variété dans les dons de l'Esprit.* "A chacun la manifestation de l'Esprit est donnée pour l'utilité commune." Bien que ce soit "à chacun selon ses capacités" (1 Cor. 25:15, *Jérusalem*), ce sont là des dons de *l'Esprit*. Dieu nous accorde Ses dons, toutefois, en tenant compte de nos aptitudes naturelles, et nous avons des capacités qui varient d'une personne à une autre. "Je ne peux pas enseigner une classe d'école du dimanche", disait une femme pieuse au cours d'une réunion de prière, "mais combien j'aime frapper aux portes pour inviter les gens à assister à l'église!" A chacun son talent, selon la volonté de Dieu. Le baptême de l'Esprit ne fait pas de chaque chrétien un évangéliste flamboyant. Comme l'a écrit le Dr Samuel Chadwick: "Il donne l'Esprit à quelques-uns pour qu'ils soient des ministres de compassion; à quelques-uns pour qu'ils soient des témoins fidèles; et à d'autres pour qu'elles soient des mères sanctifiées qui sont des gardiennes du foyer, et des miracles de patience, de sagesse et de douceur. A chacun est accordé un don de l'Esprit, quelle que soit la nature du don particulier, chacun peut jouir du don de la puissance pour un service et un témoignage efficaces[5]." Une mère de dix enfants écrivit un jour au fameux évangéliste anglais Gypsy Smith pour lui dire que

Dieu l'avait appelée à se consacrer à la prédication. "Vous méritez d'être complimentée", écrivit l'évangéliste en réponse à la lettre, "d'abord, parce qu'Il vous a appelée à vous consacrer à la prédication; ensuite, parce qu'Il vous a pourvu d'une congrégation!"

(b) *Il y a un plan divin dans les dons de l'Esprit.* Un don est une dotation surnaturelle pour le service du corps de Christ. De même que le corps humain a plusieurs membres, ainsi il y a dans l'Église diversité de dons pour l'édification du corps de Christ. Les Corinthiens étaient riches en dons mais scandaleusement charnels! Leurs dons devinrent une source de rivalité, de jalousie, d'orgueil et de désordre dans le service d'adoration. En toute charité, nous devons dire que les Corinthiens sont encore parmi nous. Il y a ceux qui assimilent l'émotivité à la spiritualité et qui n'arrivent pas à percevoir la distinction entre les *dons* et le *fruit* de l'Esprit. Les dons sont accordés dans un seul but — afin de servir l'Eglise. Plus le service est grand, plus le don est important.

2. *Le fruit de l'Esprit*

Si les dons sont pour le service, les fruits sont pour le caractère. Les dons sont fonctionnels; le fruit est une qualité de vie. La preuve décisive de notre appartenance au Saint-Esprit et de Sa présence en nous est la beauté et la puissance d'un amour christique qui nous contrôle et nous sanctifie.

"Cet amour dont je parle est lent à perdre patience — il cherche à être constructif. Il n'est pas possessif: il ne se soucie pas de se faire valoir ni de flatter sa propre importance.

"L'amour a de bonnes manières et ne pense pas d'abord à soi. Il n'est pas irritable. Il ne garde pas rancune du mal qu'on lui fait ou ne se réjouit pas perversement de la méchanceté d'autrui. Il se réjouit, au contraire avec tous les hommes de bien de voir la Vérité triompher.

"L'amour ne connaît ni limite à son endurance, ni fin à sa confiance, ni faiblesse à son espérance: il survivra à tout. Il est, en fait, la seule chose qui subsiste quand tout le reste a failli[6]."

Comme Paul l'a expliqué, par ailleurs, aux Galates: "Le fruit que porte l'Esprit, c'est l'amour, la joie, la paix, la patience, la bienveillance, la bonté, la fidélité, la douceur, la maîtrise de soi" (Gal. 5:22-23, *Synodale*). Remarquez que le mot "fruit" est au singulier. Le nombre exprimé est au pluriel, mais la grammaire est correcte — car chaque fruit est une manifestation de L'AMOUR. La joie, c'est l'amour se réjouissant en Dieu. La paix, c'est l'amour se reposant en Dieu. La patience, la bonté, la douceur ce sont l'amour contrôlant notre esprit et le rendant semblable à celui du Sauveur. La foi, c'est l'amour s'attachant à Dieu. La maîtrise de soi, c'est l'amour contrôlant l'être tout entier.

> Le passage, imprimé dans un journal d'aujourd'hui, se lirait: Le Fruit de l'Esprit c'est une disposition affectueuse et aimable, un esprit radieux et un tempérament gai, une pensée tranquille et une attitude calme, une patience propre à faire face aux circonstances irritantes et à supporter les gens ennuyeux, une perspicacité bienveillante et une serviabilité pleine de tact, un jugement généreux, et une charité venant d'un coeur grand et généreux, une loyauté et une honnêteté en toute circonstance, une humilité qui s'oublie dans la joie des autres, une maîtrise de soi en toutes choses, ce qui est la marque finale de de la perfection[7].

"L'amour", a dit John Wesley, "est le plus grand don de Dieu — un amour humble, gentil, patient... Il n'y a rien de plus élevé sur le plan de la religion; en effet, il n'existe rien d'autre; si vous cherchez autre chose que plus d'amour, vous cherchez bien loin du but, vous vous éloignez de la voie royale. Et lorsque vous demandez aux autres: 'Avez-vous reçu cette bénédiction-ci ou cette bénédiction-là?', si vous pensez à autre chose que plus d'amour vous avez tort; vous les conduisez hors de la voie droite, et vous les mettez sur une fausse piste. *Décidez-le bien dans votre coeur, qu'à partir du moment où Dieu vous a sauvé du péché, vous ne devez rechercher rien d'autre que plus de cet amour décrit dans le treizième chapitre de la première épître aux Corinthiens*[8]."

> *Esprit de grâce, Esprit Saint,*
> *Fidèle à Ton enseignement,*
> *De tous Tes dons accordés à la Pentecôte,*
> *Celui que nous désirons le plus,*
> *C'est le saint et céleste amour.*
> —Christopher Wordsworth (1807-85)

QUESTIONS À DISCUTER

1. Expliquez les deux phases du témoignage de l'Esprit *(a)* en relation à la nouvelle naissance, *(b)* en relation à l'entière sanctification.

2. Quelle est la signification de: *(a)* le sceau de l'Esprit? *(b)* les arrhes de l'Esprit?

3. Montrez la relation qui existe entre la maîtrise de soi et l'éradication.

4. Un chrétien devrait-il jamais prendre une décision sans la direction directe du Saint-Esprit? Expliquez.

5. Quels dangers devrions-nous éviter en pensant à des remplissages répétés de l'Esprit dans la vie sanctifiée?

6. Quelle différence existe-t-il entre les dons et le fruit de l'Esprit? Pourquoi cette distinction est-elle importante?

CHAPITRE 2

LA PLÉNITUDE DE L'ESPRIT

"Avez-vous reçu le Saint-Esprit, quand vous avez cru" (Actes 19:2).

Les membres du petit groupe de voyageurs — les pieds endoloris et le visage fatigué — arrivèrent enfin à Éphèse. Pendant plusieurs jours, ils avaient avancé péniblement le long de la grande route affairée empruntée chaque année par des milliers de pèlerins, se dirigeant vers ce grand centre d'intérêt religieux. Parmi ce petit groupe de voyageurs, se détachait un personnage imposant, un vétéran aux cheveux grisonnants: l'apôtre Paul, originaire de Tarse, en Cilicie. C'était pour lui le grand jour. Il avait attendu durant des années la permission du Seigneur d'évangéliser ce grand centre de l'Asie Mineure. Maintenant, il était finalement sur place pour lancer son "Opération christianisme".

Il trouva bientôt une petite poignée de disciples, et il les salua chaleureusement. Quelles seraient donc les premières instructions qu'il leur donnerait? Quelles paroles de réconfort utiliserait-il à leur endroit? La réponse à ces questions nous plonge dans l'étonnement! Il ne mentionne aucune statistique; il ne discute pas les conditions de l'époque; il ne dit rien à propos de dépenses. Ses premiers mots prennent la forme d'une question — la question qui brûle au fond du coeur même de l'apôtre, et qui a dû brûler dans la pensée des disciples d'Éphèse: "Avez-vous reçu le Saint-Esprit, quand vous avez cru?"

Cette question souligne le thème du livre des Actes. Luc débute ce livre avec la déclaration suivante: "Théophile, j'ai parlé, dans mon premier livre, de tout ce que

29

Jésus a *commencé* de faire et d'enseigner." L'auteur voudrait nous faire comprendre que la vie et le ministère de Jésus sur la terre n'étaient que le commencement de Son activité personnelle. Le ministère que notre Seigneur a commencé, dans les jours de sa chair, Il le *continue* à travers Son nouveau corps, l'Église remplie de l'Esprit. A cause de cela, le livre des Actes a été appelé à juste titre, par certains, les *Actes du Saint-Esprit*. Dans les quelques pages de ce livre — le document le plus ancien de l'histoire de l'Église chrétienne — nous découvrons pas moins de cinquante-sept références au Saint-Esprit; le livre tout entier est un commentaire sur la personne et l'oeuvre du Saint-Esprit.

A. LE SECRET DE SA PLÉNITUDE

Le livre des Actes est le compte rendu stupéfiant du début et de l'expansion de l'Église chétienne. Nous contemplons un événement historique qui ne peut être considéré sur la base de causes naturalistes. Ces Nazaréens avaient peu de biens matériels. L'un de leurs leaders a confessé, en une occasion: "Je n'ai ni argent ni or." Ils n'avaient ni édifices ni ministère salarié. La plupart de leurs prédicateurs n'avaient reçu aucun entraînement formel pour le saint ministère. L'opinion publique, dès le début, était contre eux et l'opposition grandissait à mesure que le mouvement prenait de l'ampleur. Les leaders du mouvemnt étaient arrêtés l'un après l'autre et emprisonnés; quelques-uns d'entre eux furent même exécutés. Mais en dépit de toutes ces conditions adverses, ils avaient commencé — dans l'espace de quelques années — à "bouleverser le monde" dans lequel ils vivaient, ou mieux encore à le remettre en place! Quel était le secret de ce succès incroyable? Vous l'avez, bien sûr, deviné: ces chrétiens étaient remplis du Saint-

Esprit. "Ils furent tous remplis du Saint-Esprit, et *ils commencèrent...*" (Actes 2:4, *Synodale*).

1. *Le commandement de Christ*

Luc nous décrit soigneusement le cadre de ce mouvement spirituel sans précédent. Avant Son ascension, Christ rassembla Ses disciples autour de Lui sur le mont des Oliviers. "Comme il se trouvait avec eux, il leur recommanda de ne pas s'éloigner de Jérusalem, mais d'attendre ce que le Père avait promis, ce que je vous ai annoncé, leur dit-il; car Jean a baptisé d'eau, mais vous, dans peu de jours, vous serez baptisés du Saint-Esprit" (Actes 1:4-5). Ils doivent aller "par tout le monde, et prêcher l'Évangile à toute créature." Mais ils doivent d'abord attendre jusqu'à ce qu'ils soient revêtus de la puissance d'en haut. La vie remplie de l'Esprit n'est pas du tout un luxe; c'est un "devoir" pour tous ceux qui veulent être Ses disciples obéissants.

Celui qui a donné cet ordre avait Lui-même été revêtu de l'Esprit, avant de commencer Son ministère parmi les hommes. Dans l'un de ses sermons, Simon Pierre rappela à ses auditeurs "comment Dieu a oint du Saint-Esprit et de force Jésus de Nazareth" (Actes 10:38a). Au début de Son ministère, Jésus lut pendant le sabbat, dans le Temple, les paroles suivantes du livre d'Esaïe (61:1): "L'Esprit du Seigneur, l'Eternel, est sur moi, car l'Eternel m'a oint pour porter de bonnes nouvelles aux malheureux..." Puis Il annonça à Ses amis de Nazareth: "Aujourd'hui cette parole de l'Écriture, que vous venez d'entendre, est accomplie" (Luc 4:18, 21). Celui qui reçut l'Esprit sans mesure veut baptiser Ses disciples du Saint-Esprit.

Les premiers chrétiens obéirent scrupuleusement à ces derniers commandements de Jésus. Nous pouvons seulement imaginer leur attente intensifiée, mêlée d'interrogation peut-être, comme les jours se prolongeaient au delà d'une semaine. Sept, huit, neuf, — dix jours d'attente! Quand le jour de la Penteçote arriva, le miracle s'accomplit *soudainement* — "ils furent tous remplis du Saint-Esprit". Ces disciples de Jésus avaient été appelés, convertis et gardés par Christ (Jean 17:6-16). Après Sa mort et Sa résurrection, Il leur apparut et leur expliqua les Écritures. Leur coeur brûlait au-dedans d'eux, tandis qu'Il s'entretenait avec eux (Luc 24:13-32). Il souffla sur eux, au cours de ces quarante jours, une mesure initiale de l'Esprit (Jean 20:22). Même si Ses disciples venaient, à ce moment-là, de traverser la ligne des dispensations, il est tout à fait évident que bien avant la Pentecôte ils avaient été complètement régénérés. Et pourtant, ils s'enfermaient derrière des portes closes "par crainte des Juifs". Ils n'étaient pas libérés intérieurement parce qu'ils n'étaient pas encore *complètement possédés* de Dieu. De même, sans le baptême du Saint-Esprit, *nous* ne sommes pas équipés pour supporter les tensions d'un environnement hostile tout en vivant pour Christ et en témoignant pour Lui. Il *nous* faut la plénitude de l'Esprit si nous devons être des chrétiens effectifs. Comment pouvons-nous la recevoir? Par une *complète obéissance*. Pierre a dit: "Nous sommes témoins de ces choses, de même que le Saint-Esprit, que Dieu a donné à ceux qui lui *obéissent*" (Actes 5:32). Qui pourrait évaluer ce qui pourrait se passer si tous les disciples de Christ obéissaient à Son commandement d'être remplis du Saint-Esprit?

2. *L'obéissance continue de l'Église Primitive*

Le secret du succès de l'Église décrite dans le livre des Actes n'est pas difficile à trouver. Les apôtres observèrent scrupuleusement le commandement de Christ. Ils n'eurent pas de repos jusqu'à ce que les personnes converties sous leur ministère eussent été remplis de l'Esprit. Ils prêchèrent la repentance et proclamèrent à leur génération que Jésus était le Messie promis. Malgré cela, ils savaient que le pardon n'était pas la fin mais la porte d'entrée à une vie remplie de l'Esprit. Leur ministère de prédication de la repentance et de la foi n'était qu'un moyen vers une fin — la restauration spirituelle de la personnalité humaine dans la sainteté. "Et ainsi, comme le type de l'Ancien Testament le présente, Dieu a fait sortir d'Egypte Ses enfants du temps passé afin qu'Il pût les amener dans la terre promise de Canaan. Nous devons, nous aussi, être délivrés de l'esclavage du péché afin que nous puissions être amenés dans la liberté spirituelle d'un coeur et d'une nature purifiés[1]."

a. *Le réveil à Samarie.* En lisant le livre des Actes, nous découvrons le rapport concernant l'évangélisation de la Samarie. Philippe l'évangéliste était l'instrument humain du premier réveil en dehors de Jérusalem. Nous y lisons que Philippe "y prêcha le Christ". "Et il y eut une grande joie dans cette ville", tandis que Dieu agissait avec une grande puissance. Puis, nous arrivons à ce passage très significatif: "Les apôtres, qui étaient à Jérusalem, ayant appris que la Samarie avait reçu la parole de Dieu, y envoyèrent Pierre et Jean. Ceux-ci, arrivés chez les Samaritains, prièrent pour eux, afin qu'ils reçussent le Saint-Esprit. Car il n'était encore descendu sur aucun d'eux; ils avaient seulement été baptisés au nom du Seigneur Jésus. Alors Pierre et Jean leur imposèrent les mains, et ils reçurent le Saint-Esprit" (voir Actes 8:5-17).

L'intérêt principal des apôtres est évident. Dès qu'ils apprirent la nouvelle du réveil qui progressait sous la direction de Philippe, ils envoyèrent deux des leurs pour couronner le ministère de Philippe, en proclamant le baptême du Saint-Esprit. Nous avons ici une claire évidence que les apôtres prêchèrent deux crises historiques dans l'expérience chrétienne, et qu'ils considéraient la justification comme la porte d'entrée à la présence sanctifiante et "dynamisante" de l'Esprit dans la vie de ceux qui ont cru.

b. *Saul de Tarse.* Dans le neuvième chapitre du livre des Actes nous prenons connaissance de la conversion dramatique de Saul, tandis qu'il se rendait à Damas pour arrêter les partisans de "la nouvelle doctrine". Frappé par une lumière aveuglante de révélation surnaturelle, l'homme de Tarse changea profondément. Dieu entra inmédiatement en action. Il députa un laïc inconnu, nommé Ananias, pour aller baptiser ce futur apôtre des Gentils. Après avoir reçu du Seigneur l'assurance que le persécuteur numéro un était vraiment converti, "Ananias sortit; et, lorsqu'il fut arrivé dans la maison, il imposa les mains à Saul, en disant: *Saul, mon frère,* le Seigneur Jésus, qui t'est apparu sur le chemin par lequel tu venais, m'a envoyé pour que tu recouvres la vue et que tu *sois rempli du Saint-Esprit*" (Actes 9:17). Le commentaire de Frederick F. Bruce est à la fois significatif et typique: "Ananias imposa les mains à Saul, mais c'était la puissance de Christ qui, à ce moment-là, lui éclaira les yeux et le remplit du Saint-Esprit[2]." La flamme de l'Évangile se répandait.

c. *Corneille et sa famille.* Le modèle devient de plus en plus clair. Les chapitres dix et onze rapportent la première Pentecôte entièrement parmi les Gentils. Les participants étaient le centurion romain Corneille et les membres de sa maison. L'agent humain était l'apôtre Pierre. Corneille était, techniquement parlant, un homme craignant Dieu — un Gentil qui croyait dans le seul vrai Dieu bien que n'étant pas un prosélyte circoncis appartenant à la foi d'Israël. Il était l'un des milliers de Gentils insatisfaits de cette époque qui s'étaient tournés vers la synagogue juive à la recherche d'un guide spirituel. Zélés dans les trois devoirs religieux reconnus de prière, de jeûne et d'aumônes, il passa le test rigoureux posé par Christ pour ces devoirs — il les accomplissait sous le regard de Dieu (Actes 10:1-4). Pierre était impressionné par le fait que cet homme et sa famille, en dépit de la lumière limitée dont ils disposaient, étaient droits aux yeux de Dieu. "Alors Pierre, ouvrant la bouche, dit: En vérité, je reconnais que Dieu ne fait point acception de personnes, mais qu'en toute nation celui qui le craint et qui pratique la justice *lui est agréable"* (Actes 10:34-35).

L'apôtre avait à peine terminé l'introduction de son sermon que "le Saint-Esprit descendit sur tous ceux qui écoutaient la parole. Tous les fidèles circoncis qui étaient venus avec Pierre furent étonnés de ce que le don du Saint-Esprit était aussi répandu sur les païens." A la suite de ce baptême de l'Esprit toute la famille fut baptisée d'eau. Pierre, rappelant cet incident quelque temps après à Jérusalem, dit: "Lorque je me fus mis à parler, le Saint-Esprit descendit sur eux, comme sur nous au commencement. Et je me souvins de cette parole du Seigneur: Jean a baptisé d'eau, mais vous, vous serez baptisés du Saint-Esprit" (Actes 11:15-16). Pour les apôtres, le salut n'était pas complet jusqu'à ce que les hommes eussent reçus le baptême du Saint-Esprit. Il était impensable de conduire les hommes à la justification et de les laisser là. Ils crurent — tout comme Wesley — que *Dieu nous justifie afin de nous sanctifier.* Le salut n'est pas complètement efficace jusqu'à ce que le problème du péché soit résolu par la plénitude de l'Esprit en nous (Actes 11:13-14).

d. Les disciples d'Éphèse. Le dernier incident que nous allons considérer est mentionné dans le verset introduisant ce chapitre. Cet incident est rapporté dans les chapitres dix-huit et dix-neuf du livre des Actes. A

Éphèse, Paul trouva une douzaine d'hommes dont la connaissance de Christ était défectueuse. Il y a une forte implication qu'ils avaient été convertis sous le ministère de l'éloquent Apollos d'Alexandrie. Il semble que la connaissance du Christianisme par Apollos était limitée aux débuts de l'Évangile. Il prêcha la repentance et la foi en Jésus en tant que le Messie, mais il ne savait apparemment rien du Calvaire et de la Pentecôte. Quand les amis de Paul, Aquilas et Priscille, entendirent cet homme prêcher, ils furent impressionnés par son zèle sincère et sa connaissance des prophéties de l'Ancien Testament concernant Christ; mais ils détectèrent un manque chez lui. Ils le prirent donc à part "et lui exposèrent plus exactement la voie de Dieu" (voir Actes 18:24-28).

Une congrégation s'élève rarement au-dessus du niveau spirituel de son conducteur. Les personnes converties sous le ministére d'Apollos ne connaissaient que le niveau d'expérience chrétienne qu'il leur avait enseigné. C'est à ces croyants-là — nous avons vu — que Paul posa la brûlante question: "Avez-vous reçu le Saint-Esprit, quand vous avez cru?" Ou selon la version Darby: "Avez-vous reçu le Saint-Esprit, après avoir cru?" Feu le Dr James B. Chapman avait l'habitude de dire: "Dans tous les cas leur réponse était: Non." Bien qu'ils fussent de vrais disciples de Christ, ils n'avaient pas reçu le baptême sanctificateur du Saint-Esprit. Ils n'avaient pas entendu parler du don du Saint-Esprit. Ils ne savaient rien du remplissage et de la présence permanente du divin Consolateur.

Beaucoup de chrétiens modernes sont membres de la Première Église d'Éphèse. Ils trahissent par leur démarche spirituelle et leur conversation une triste ignorance du Saint-Esprit. *Le don du Saint-Esprit est la note perdue dans le christianisme moderne.* "L'Église d'aujourd'hui manque de quelque chose que l'Église décrite dans le

Nouveau Testament possédait. Et ce manque est, d'une certaine manière, liée au Saint-Esprit — si abondamment mentionné à chaque page de ces récits, si manifestement présent avec puissance dans la vie de cette Église; mais si rarement nommé au sein du christianisme moderne, si étranger à notre expérience quotidienne." Cette citation est d'un prédicateur protestant contemporain[3]. *Il nous faut faire résonner à nouveau la note du Nouveau Testament.* Tout comme Paul se rendit à Éphèse avec instruction et prière, et y demeura jusqu'à ce que ce petit groupe de chrétiens fût baptisé de l'Esprit, de même l'Eglise moderne doit payer le prix dans la prédication fidèle et la prière, jusqu'à ce qu'Il vienne dans la plénitude bénie pour sanctifier et remplir Son peuple de puissance. "Et quand il sera venu, il convaincra le monde en ce qui concerne le péché, la justice et le jugement" (Jean 16:8).

Avez-*vous* reçu le Saint-Esprit depuis que *vous* avez cru? *Le* connaissez-vous dans Sa présence intime et précieuse au dedans de vous? Votre vie de futilité et d'échec a-t-elle été engloutie dans Sa plénitude? Est-Il venu pour demeurer dans votre coeur? Si vous savez que vous êtes Son enfant, mais vous êtes conscient de ce manque en vous, la promesse est pour vous. "Si vous m'aimez, gardez mes commandements. Et moi, je prierai le Père, et il vous donnera un autre consolateur, afin qu'il demeure éternellement avec vous, l'Esprit de vérité, que le monde ne peut recevoir, parce qu'il ne le voit point et ne le connaît point; mais vous, vous le connaissez, car il demeure avec vous, et il sera en vous" (Jean 14: 15-17).

B. LE TEMPLE DE L'ESPRIT

Le grand enseignement du Nouveau Testament est que l'Église composée de croyants remplis de l'Esprit est le vrai temple de Dieu, "une habitation de Dieu en Esprit" (voir Éph. 2:18-22). Tout ce que le Temple de Jérusalem était — et plus — l'Église l'est aussi. C'est le lieu où Dieu demeure et manifeste la splendeur de Sa gloire (héb.: schekina). Écrivant à l'Église de Corinthe, Paul demanda: "Ne savez-vous pas que vous êtes le temple de Dieu, et que l'Esprit de Dieu habite en vous?" (1 Cor. 3:16). L'Église prise, ici, dans son ensemble est déclarée être le temple saint de Dieu. Quand l'Esprit descendit à la Pentecôte pour habiter dans le coeur des enfants de Dieu, le Temple de Jérusalem a été remplacé par ce temple qui n'est pas fait de mains d'hommes — l'Église du Dieu vivant.

1. L'Église baptisée de l'Esprit

Le jour de la Pentecôte le Saint-Esprit a rempli Son vrai temple. Des centaines d'années auparavant, quand le roi Salomon dédia la maison qu'il avait érigée pour le Seigneur, Dieu donna un avant-goût de cette effusion: "Lorsque Salomon eut achevé de prier, le feu descendit du ciel et consuma l'holocauste et les sacrifices, et la gloire de l'Éternel remplit la maison. Les sacrificateurs ne pouvaient entrer dans la maison de l'Éternel, car la gloire de l'Éternel remplissait la maison de l'Éternel. Tous les enfants d'Israël virent descendre le feu et la gloire de l'Éternel sur la maison; ils s'inclinèrent le visage contre terre sur le pavé, se prosternèrent, et louèrent l'Éternel, en disant: Car il est bon, car sa miséricorde dure à toujours!" (2 Chr. 7:1-3). Mais à la Pentecôte une gloire sans égale porta le peuple rempli d'étonenement, à demander: "Que veut dire ceci?" Et après le sermon de Pierre, le jour de la Pentecôte, ils crièrent avec un coeur vivement touché: "Hommes frères, que ferons-nous?" (Actes 2:12, 37).

"Le jour de la Pentecôte, ils étaient tous ensemble

dans le même lieu. Tout à coup il vint du ciel un bruit comme celui d'un vent impétueux, et il remplit toute la maison où ils étaient assis. Des langues, semblables à des langues de feu, leur apparurent séparées les unes des autres, et se posèrent sur chacun d'eux. Et ils furent tous remplis du Saint-Esprit, et se mirent à parler en d'autres langues, selon ce que l'Esprit leur donnait de s'exprimer'' (Actes 2:1-4). *Voilà le modèle néo-testamentaire de l'Église.* La gloire et la puissance de Dieu doit remplir l'Église collectivement et ses membres individuellement. Le bruit semblable à celui du vent impétueux suggère qu'ils étaient *tous* remplis de l'Esprit. Les langues semblables à des langues de feu se posèrent sur *chacun* d'eux, suggérant que l'expérience étaient personnelle. ''Gardez la présence de Dieu continuellement en vous'', répétait constamment le Dr Phineas F. Bresee, fondateur de l'Eglise du Nazaréen. Nous devons toujours chercher ''la simplicité et la puissance spirituelle manifestes dans l'Eglise du Nouveau Testament[4]''.

2. *L'Église remplie de l'Esprit*

Une Église baptisée de l'Esprit fait l'expérience, de temps à autre, d'un renouvellement de l'Esprit. La Pentecôte provoqua une violente opposition. Les autorités de Jérusalem firent tout ce qu'ils purent pour réduire au silence le témoignage de la jeune Église. Pierre et Jean furent traînés devant le Sanhédrin et reçurent l'ordre de garder le silence à propos du nom de Jésus. Mais ces guerriers intrépides revinrent à la charge avec ces paroles: ''Jugez s'il est juste, devant Dieu, de vous obéir plutôt qu'à Dieu; car nous ne pouvons pas ne pas parler de ce que nous avons vu et entendu'' (Actes 4:19-20). Puis, après avoir été relâchés, ils convoquèrent l'Église à la prière. ''Quand ils eurent prié, le lieu où ils étaient assemblés trembla; *ils furent tous remplis du Saint-Esprit,*

et ils annonçaient la parole de Dieu avec assurance...
et une grande grâce reposait sur eux tous" (Actes 4:31,
33). Cela a peut-être été une nouvelle Pentecôte pour
tous ceux qui, en grand nombre, avaient été ajoutés à la
compagnie originale des croyants, mais c'était aussi à
coup sûr un moment de fraîche onction de la présence
et de la puissance de l'Esprit pour les 120. "Un seul
baptême, plusieurs onctions" — telle est la formule du
Nouveau Testament. Notre théologie doit garder une
certaine élasticité afin de tenir compte de la réalité. Ce
n'est que lorsque nous sommes revêtus de la puissance
courageuse de l'Esprit et de Son amour compatissant
que nous pouvons faire une forte impression sur le
monde. Ce n'est que lorsque nous avons cet élément
supplémentaire, de la part de Dieu, en nous et sur nous
que nous pouvons faire fondre la froide indifférence
de la société autour de nous. Comme le dit un de nos
cantiques, "Viens Esprit du Dieu vivant, sois le Maître
en moi."

3. *La seigneurie de l'Esprit*

Lire le livre des Actes c'est découvrir une vérité
écrite en grandes lettres: Le Saint-Esprit était le Directeur
Exécutif de l'Église. C'était Lui qui incitait, qui parlait,
qui pressait, qui guidait. L'Église du Nouveau Testament
était le véhicule de l'Esprit. Si nous voulons découvrir la
simplicité et la puissance du christianisme du Nouveau
Testament, nous devons honorer l'Esprit et Lui obéir.
Consultons les documents.

L'Église d'Antioche est en prière. Nous lisons: "Pendant qu'ils servaient le Seigneur dans leur ministère et
qu'ils jeûnaient, le Saint-Esprit dit: Mettez-moi à part
Barnabas et Saul pour l'oeuvre à laquelle je les ai appelés... Barnabas et Saul, envoyés par le Saint-Esprit,
descendirent à Séleucie " (Actes 13:2, 4). C'était l'inaugu-

ration de la mission de l'Église auprès des Gentils. L'évangélisation mondiale n'est pas la combine des écclésiastiques cherchant à élargir une institution; c'est la stratégie de l'Esprit de Dieu. L'histoire des missions à travers les siècles est l'histoire de la constante motivation de l'Église par l'Esprit pour qu'elle aille de l'avant. Il ne veut pas que l'Église s'assagisse et meure; Il continue à trouver de nouveaux instruments pour Ses desseins. Il est l'Esprit des missions, et Il a Son propre programme d'évangélisation du monde.

Avec des Gentils convertis en son sein, l'Église fit face à un nouveau problème. L'élément pharisaïque dans la congrégation de Jérusalem fit objection vigoureusement à la pratique de Paul et de Barnabas de recevoir des convertis incirconcis dans la communion de l'Église, "en disant qu'il fallait circoncire les païens et exiger l'observation de la loi de Moïse" (Actes 15:5). Une assemblée générale de l'Église fut convoquée pour résoudre ce problème. Après avoir entendu les témoins et revu le cas, les apôtres rédigèrent une lettre qui devait être distribuée dans les zones troublées de l'Église: "Car il a paru bon au *Saint-Esprit* et à nous de ne vous imposer d'autres charges que ce qui est nécessaire" (Actes 15:28). Ces dirigeants étaient si conscients d'être possédés et contrôlés par le Saint-Esprit qu'ils L'ont mentionné en premier lieu comme l'Auteur principal de leur décision. Il est l'Auteur de l'unité et de la paix dans le corps de Christ en vue d'une efficacité maximum dans l'évangélisation d'un monde perdu.

Les apôtres étaient, en outre, conscients de la direction de l'Esprit dans leur choix des pasteurs des congrégations locales. Luc nous informe que des leaders humains ordonnèrent des anciens dans chaque Église (Actes 14:23). Mais aux anciens d'Éphèse, Paul pouvait dire: "Prenez-donc garde... à tout le troupeau sur lequel le

Saint-Esprit vous a établis évêques'' (Actes 20:28).

L'Esprit a aussi administré les jugements de Dieu dans les Églises. Quand Ananias et Saphira eurent décidé d'une manière inique de tromper le peuple de Dieu, Ananias fut confronté par Simon Pierre en ces termes: ''Pourquoi Satan a-t-il rempli ton coeur, au point que tu mentes au *Saint-Esprit*. Puis, après que Saphira eut révélé sa complicité, Pierre lui demanda: ''Comment vous êtes-vous accordés pour tenter l'Esprit du Seigneur?'' (Actes 5:3, 9). Le couple a été démasqué dans leur plan de voir jusqu'où ils pouvaient aller, en présumant de la longanimité de l'Esprit de Dieu; et ils étaient allés trop loin. Nous devons honorer le Saint-Esprit et Lui obéir en tant que Seigneur de l'Église.

Nous ferions bien de peser cette vérité. Le Saint-Esprit est le Directeur Administratif de la Déité. Dans la planification et l'accomplissement de l'oeuvre de l'Église nous devons nous efforcer de connaître la pensée de l'Esprit en nous attendant à Lui dans un Esprit de prière et d'ouverture. Nous devons mettre de côté toutes les considérations personnelles et demander que Sa volonté seule soit faite. Dans notre enseignement comme dans notre prédication nous devons donner à l'Esprit Sa place légitime comme Seigneur de Son saint temple.

4. *La direction de l'Esprit*

''Car tous ceux qui sont conduits par l'Esprit de Dieu sont fils de Dieu'' (Romains 8:14). Le livre des Actes offre une évidence abondante que l'Esprit est miséricordieusement présent pour guider les chrétiens *individuellement*. Après s'être séparé de Barnabas qui voulait amener Jean Marc avec lui, pendant leur deuxième voyage, Paul forma une nouvelle équipe missionnaire. Il choisit Silas comme son nouvel associé, et, à Lystre, Timothée se joignit au groupe. Ce trio se préparait à aller dans la province romaine d'Asie en Asie Mineure, mais nous remarquons bien qu'ils furent "empêchés par le *Saint-Esprit* d'annoncer la parole dans l'Asie... Arrivés près de la Mysie, ils se disposaient à entrer en Bythinie; mais l'*Esprit* de Jésus ne le leur permit pas" (Actes 16:6-7). Ce petit groupe missionnaire se trouva bloqué de tout côté par l'Esprit de Dieu qui les poussait vers Troas. Luc les attendait là, et Paul devait recevoir en ce lieu l'appel d'aller en Macédoine, ce qui eut pour résultat l'implantation de l'Église sur le continent européen pour la première fois. Que cette direction extraordinaire s'est opérée au moyen de la *voix intérieure* ou à travers les lèvres des prophètes inspirés par l'Esprit, cela est secondaire. D'une façon ou d'une autre ces prédicateurs ne réalisaient pas leurs propres plans préconçus — ils suivaient les instructions de l'Esprit de Dieu. Dieu nous guide, parfois, au moyen du contrôle de l'Esprit; mais, en d'autres circonstances, Il nous dirige en se servant d'autres chrétiens qui deviennent, à notre égard, les instruments de l'Esprit. "Dieu dirige Ses chers enfants dans leur pèlerinage."

En outre, dans les moments d'épreuve lorsqu'ils étaient appelés à témoigner devant leurs ennemis, les disciples trouvaient que la promesse que Jésus leur avait laissée était vraie. Tandis qu'Il était encore avec eux, ici-bas, Il leur avait dit: "Mais, quand on vous livrera, ne vous inquiétez ni de la manière dont vous parlerez ni de ce que vous direz: ce que vous aurez à dire vous sera donné à l'heure même; car ce n'est pas vous qui parlerez, c'est l'Esprit de votre Père qui parlera en vous" (Matthieu 10:19-20). Et il en fut ainsi. Quand les autorités interrogèrent Pierre à propos du pouvoir par lequel il avait guéri l'homme boiteux à la Belle porte, nous apprenons que Pierre leur répondit, étant "rempli du Saint-Esprit" (Actes 4:8). Paul compta sur la même aide merveilleuse de l'Esprit dans l'île de Chypre, lorsqu'il fit face au magicien Elymas (Actes 13:9). Si nous demeurons complètement soumis à la direction du Saint-Esprit, et entièrement dévoués aux desseins de Dieu, nous pouvons compter sur Son aide quand nous en avons besoin.

Résumé. Le livre des Actes nous offre une image de l'Église en tant que temple de l'Esprit. Dieu désire ardemment remplir Son Église de Sa puissance et de Sa gloire. A l'intérieur de l'Église, le Saint-Esprit est le Directeur Administratif de la Déité. La vie entière de l'Église doit donc être soumise à Son leadership tandis que nous nous attendons à Lui dans la prière et le jeûne, et tandis que nous cherchons à faire Sa parfaite volonté. La direction de l'Esprit, toutefois, n'est pas donnée à l'Église collectivement sauf comme elle est donnée tout d'abord aux individus. Nous devons vivre personnellement sous Son influence souveraine. La direction de l'Esprit nous vient non seulement du dedans de nous, mais parfois par l'intermédiaire d'autres chrétiens qui connaissent objectivement la pensée de l'Esprit aussi bien que la nôtre.

QUESTIONS À DISCUTER

1. Comment pourriez-vous justifier l'assertion à savoir que le livre des Actes pourrait être appelé *les Actes du Saint-Esprit?*

2. Pourquoi le baptême du Saint-Esprit est-elle une "nécessité" pour les chrétiens?

3. Discutez la déclaration suivante: "Dieu nous justifie afin de nous sanctifier." Corroborez votre réponse en vous servant du livre des Actes.

4. Que pouvons-nous faire pour aider à assurer un accent continu sur la nécessité du baptême du Saint-Esprit et de la sainteté chrétienne dans notre Église?

5. Qu'entendons-nous par le fait de dire que le Saint-Esprit est ''le Directeur Administratif de la Déité'' dans l'Église?

6. Comment l'Esprit nous guide-t-Il aujourd'hui?

CHAPITRE 3

L'ÂGE DE L'ESPRIT

Mais c'est ici ce qui a été dit par le prophète Joël: Dans les derniers jours, dit Dieu, je répandrai de mon Esprit sur toute chair (Actes 2: 16-17).

Quand les touristes visitèrent la ville de Los Angeles, dans l'État de Californie (E.U.A.), au début de ce siècle, ils furent attirés par un bâtiment de style ancien qui hébergeait la congrégation de la Première Église du Nazaréen. Une telle gloire divine reposait sur ce noble groupe de Nazaréens, que leur humble maison d'adoration fut appelée affectueusement "la grange de gloire".

Le Dr Phineas F. Bresee — fondateur de ladite Église — disait à propos de cet édifice: "C'était le feu qui brûlait à l'intérieur qui dorait ses planches de gloire, et les faisait miroiter et briller avec la lumière céleste. Quand la multitude est rassemblée, et qu'il y a des centaines de personnes ayant un même esprit et un même coeur, et quand le Saint-Esprit descend dans Sa plénitude et Sa puissance, ce lieu est enveloppé d'une beauté et d'une gloire en comparaison desquelles tous les ornements du temple de Salomon manqueraient complètement d'intérêt. Chaque planche brille avec la beauté scintillante de la Nouvelle Jérusalem. Que sont le marbre taillé et les garnitures d'or et les rognures d'argent; que sont les arcs et les tourelles et les flèches d'église, comparé à la beauté du Seigneur et à la gloire de la divine Présence?"

Ce fut la Pentecôte qui introduisit le jour de l'Esprit, rendant possible une telle manifestation glorieuse de

Dieu au sein de Son Église. Mais la Pentecôte ne peut pas être appréciée en dehors de son contexte historique. La Pentecôte a été l'accomplissement du courant le plus profond et le plus large de la prophétie de l'Ancien Testament. La venue de Christ fut simplement l'étape préparatoire à l'effusion universelle de l'Esprit.

Pour comprendre la signification de la Pentecôte, il nous faut donc la considérer dans le contexte de l'Ancien Testament et l'apprécier en tant qu'accomplissement du désir ardent de Moïse quand il s'est écrié: "Puisse tout le peuple de l'Eternel être composé de prophètes, et veuille l'Eternel mettre son esprit en eux!" (Nombres 11:29).

A. LE SAINT-ESPRIT DANS L'ANCIEN TESTAMENT

Il y a en tout quatre-vingt-six références à l'Esprit de Dieu dans l'Ancien Testament. Quatorze d'entre elles se trouvent dans les cinq premiers livres de Moïse, bien que le Lévitique n'ait aucune de ces références, et le Deutéronome n'en ait qu'une seule. Treize références apparaissent dans le livre d'Esaïe et quinze dans celui d'Ézéchiel. Le livre des Juges et les deux livres de Samuel contiennent en tout quatorze références, et le livre des Psaumes en a six. Les seize références restantes sont éparpillées à travers les onze autres livres de l'Ancien Testament. L'action de l'Esprit est exprimée, en général, par le terme "Esprit de Dieu". Trois références seulement utilisent le terme "le Saint-Esprit".

Dans le plan de notre étude, nous allons diviser tous ces passages en trois groupes: (1) ceux qui ont rapport avec la relation de l'Esprit avec le monde en général; (2) ceux qui se rapportent à la rédemption; (3) ceux qui se réfèrent au Messie et à l'âge de l'Esprit.

1. *La relation de l'Esprit avec le monde en général*

Le Saint-Esprit est associé à la création: "L'Esprit de Dieu se mouvait au-dessus des eaux" (Gen. 1:2). Il est associé à la vie humaine en général. Job a dit: "Tant que l'esprit de Dieu sera dans mes narines" (Job 27:3, *Ostervald*). Parlant aux hommes qui ont vécu avant le déluge, le Seigneur a dit: "Mon esprit ne sera pas toujours en lutte avec l'homme" (Gen. 6:3, *Synodale*). L'Esprit accorde une sagesse surnaturelle: "Et Pharaon dit à ses serviteurs: Trouverions-nous un homme comme celui-ci, ayant en lui l'esprit de Dieu" (Gen. 41:38). Il est associé à la capacité intellectuelle et artistique: "Moïse dit aux enfants d'Israël: Sachez que l'Éternel a choisi Betsaleel... Il l'a rempli de l'Esprit de Dieu, de sagesse, d'intelligence, et de savoir pour toutes sortes d'ouvrages" (Ex. 35:30-31). L'Esprit c'est Dieu présent partout dans Son univers: "Où irais-je loin de ton esprit, et où fuirais-je loin de ta face? Si je monte aux cieux, tu y es; si je couche au séjour des morts, t'y voilà. Si je prends les ailes de l'aurore, et que j'aille habiter à l'extrémité de la mer, là aussi ta main me conduira et ta droite me saisira" (Ps. 139:7-10). Il est un Esprit personnel, pénétrant Sa création tout en étant distinct d'elle. Il est présent, en outre, non seulement en tant que puissance sustentatrice du monde, mais aussi comme une influence morale troublante dans la vie des hommes iniques. L'Esprit de Dieu est le Saint-Esprit.

Ces passages montrent que l'Ancien Testament tient compte des relations générales de l'Esprit avec le monde. Mais, afin de comprendre l'enseignement chrétien sur le Saint-Esprit, nous devons examiner plutôt soigneusement ces passages qui traitent de la relation entre l'Esprit de Dieu et les plans rédempteurs de Dieu envers les hommes.

2. *La relation entre l'Esprit et les plans rédempteurs de Dieu*

Le mot traduit par "esprit" dans l'Ancien Testament signifie originalement "vent" ou "souffle". Il suggère l'idée d'un vent de désert qui se transforme soudainement en furie et nous fait penser à la puissance d'une tornade. Il est utilisé parfois en référence au "souffle" qu'exhalent les narines d'un homme quand il est extrêmement excité. Le mot a donc pris le sens de *pouvoir surnaturel qui saisit une personne,* lui donnant plus de courage pour accomplir une tâche qui lui est divinement confiée.

Dans le livre des Juges nous lisons comment "l'esprit de l'Eternel fut sur" Othniel, Gédéon, Jephté et Samson, leur donnant la puissance d'être des champions de la cause d'Israël contre ses ennemis (Juges 3:10; 6:34; 11:29; 13:25). Dans le premier livre de Samuel nous lisons un intéressant récit au sujet de Saül fils de Kis. Samuel dit à Saül: "L'esprit de l'Eternel te saisira, tu prophétiseras avec eux, et tu seras changé en un autre homme... Dès que Saül eut tourné le dos pour se séparer de Samuel, Dieu lui donna un autre coeur... l'esprit de Dieu le saisit, et il prophétisa au milieu d'eux" (1 Samuel 10: 6, 9-10).

Dans la suite, l'Esprit est devenu l'Auteur de l'inspiration des écrivains prophétiques. Ezéchiel a témoigné: "Il me dit: Fils de l'homme, tiens-toi sur tes pieds, et je te parlerai. Dès qu'il m'eut adressé ces mots, l'esprit entra en moi et me fit tenir sur mes pieds; et j'entendis celui qui me parlait. Il me dit..." (Ézék. 2:1-3). Dans le chapitre suivant nous lisons: "J'entendis... le bruit d'un grand tumulte. L'esprit m'enleva et m'emporta. J'allais, irrité et furieux, et la main de l'Eternel agissait sur moi avec puissance" (Ézék. 3:13-14; cf. Actes 2:2).

L'idée dominante dans tous ces passages n'est pas de

rendre les hommes justes ou saints, mais de les doter de capacités extraordinaires dans les moments de crise nationale ou en vue d'une révélation divine. Deux points sont à noter: (1) L'effusion de l'Esprit sur les individus dans l'Ancien Testament a été une expérience transitoire. Il n'y a aucune indication que le Saint-Esprit vint, en ce temps-là, pour demeurer en permanence; il est dit plutôt qu'Il "les saisissait avec puissance" pour la prophétie ou pour quelque autre tâche immédiate. (2) Pour présenter la même idée d'une autre manière, disons qu'Il n'était pas venu pour sanctifier les âmes des hommes. Jean a dit d'une façon spécifique: "L'Esprit n'avait pas encore été donné" (Jean 7:39, *Synodale*).

Trois références à "l'Esprit saint" semble suggérer la signification donnée dans le Nouveau Testament. David pria avec un coeur brisé et contrit: "Ne me rejette pas loin de ta face, ne me retire pas ton *Esprit saint*" (Ps. 51:13, *Synodale*). L'expression "ton Esprit saint", dans ce contexte, est tout à fait parallèle à "ta face [ta présence]". Toutefois, l'idée de sainteté y est présente. Les deux autres références se trouvent dans un seul passage. "Mais ils ont été rebelles; ils ont attristé son *Esprit saint,* qui devint leur ennemi; lui-même dut combattre contre eux. Alors son peuple se souvint des jours anciens du temps de Moïse: Où donc, disaient-ils, est celui qui les fit sortir de la mer avec le berger de son troupeau? Où est celui qui mit au milieu d'eux son Esprit saint?" (Esaïe 63:10-11, *Synodale*). *L'Esprit Saint,* dont il s'agit ici, est la présence de Dieu, le Saint, au milieu d'eux. Mais même ces passages sont loin de représenter la doctrine du Saint-Esprit telle que nous la trouvons dans le Nouveau Testament.

3. *Les prophéties du Messie et de l'âge de l'Esprit*

Les passages les plus importants qui traitent du Saint-

Esprit sont, de loin, ceux qui annoncent la venue du Messie et de la Pentecôte.

a. *Les prophéties du Messie.* "En contraste avec les héros, les rois et les prophètes du passé que l'Esprit a visité d'une manière occasionnelle et temporaire, le rejeton promis, tiré de la racine de Jessé, est celui sur qui l'Esprit du Seigneur *demeurera*[1]." "L'Esprit de l'Eternel", dit Esaïe, "*reposera sur lui:* Esprit de sagesse et d'intelligence, Esprit de conseil et de force, Esprit de connaissance et de crainte de l'Éternel" (Esaïe 11:2). Ailleurs, le Seigneur dit: "Voici mon Serviteur, celui que je tiens par la main; mon élu, en qui mon âme prend plaisir. *J'ai mis mon Esprit sur lui;* il fera régner la justice parmi les nations... Il n'aura ni défaillance ni découragement jusqu'à ce qu'il ait établi la justice sur la terre; et les îles mettront leur confiance en sa loi" (Esaïe 42:1-4, *Synodale*). Le Messie devait être l'Oint du Seigneur, le Récipiendaire et le Porteur de l'Esprit.

b. *Les prophéties de la Pentecôte.* L'attente du Messie, sur qui l'Esprit devait reposer et demeurer, n'était qu'une partie de l'espoir du peuple de Dieu. La vision du Messie ou Serviteur du Seigneur conduit à l'attente d'une effusion de l'Esprit sur tout le peuple de Dieu et finalement sur toute chair.
En Esaïe nous lisons:

> Car je répandrai des eaux sur le sol altéré, et des ruisseaux sur la terre desséchée; je répandrai mon esprit sur ta race, et ma bénédiction sur tes rejetons (Esaïe 44:3).

En Ezéchiel, le Seigneur promet:

> Je répandrai sur vous une eau pure, et vous serez purifiés; je vous purifierai de toutes vos souillures et de toutes vos idoles. Je vous donne-

rai un coeur nouveau, et je mettrai en vous un esprit nouveau; j'ôterai de votre corps le coeur de pierre, et je vous donnerai un coeur de chair. Je mettrai mon esprit en vous, et je ferai que vous suiviez mes ordonnances, et que vous observiez et pratiquiez mes lois (Ezéchiel 36: 25-27).

En Malachie, nous avons cette parole certaine:

Voici, j'enverrai mon messager; il préparera le chemin devant moi. Et soudain entrera dans son temple le Seigneur que vous cherchez... Qui pourra soutenir le jour de sa venue? Qui restera debout quand il paraîtra? Car il sera comme le feu du fondeur, comme la potasse des foulons... il purifiera les fils de Lévi, il les épurera comme on épure l'or et l'argent, et ils présenteront à l'Eternel des offrandes avec justice (Malachie 3:1-3).

La prophétie universelle est trouvée dans le livre du prophète Joël:

Après cela, je répandrai mon esprit sur toute chair; vos fils et vos filles prophétiseront, vos vieillards auront des songes, et vos jeunes gens des visions. Même sur les serviteurs et sur les servantes, dans ces jours-là, je répandrai mon sprit (Joël 2:28-29).

Bien que l'Esprit ne soit pas expressément mentionné dans le passage, la prophétie de Jérémie concernant la nouvelle alliance (31:31-34) ne devrait pas être négligée.

Une compréhension de ces prophéties est absolument essentielle si nous voulons saisir la signification du Messie et de Son ministère. L'âge messianique devait être marqué par une effusion *universelle* et *sanctifiante* de l'Esprit sur Israël d'abord et puis sur toute chair. Dieu allait mettre Son Saint-Esprit *dans* les coeurs de Ses enfants, les rendant capables de faire Sa sainte et juste volonté. Cela est devenu, dans la période précédant le Nouveau Testament, l'espoir réel des Juifs. Ils croyaient qu'à cause des péchés de la nation, l'Esprit était remonté au ciel à l'époque de Malachie, mais qu'Il reviendrait au temps du Messie pour être répandu sur tous, Juifs et Gentils. Les prophéties que nous venons de citer constituaient la base de cet espoir — *qu'à l'époque du Messie il y aurait un don sans précédent du Saint-Esprit, non seulement enlevant leurs culpabilités mais aussi sanctifiant leur nature intérieure.* Parmi les rabbins, Siméon B. Johai a donné cette paraphrase typique d'Ezéchiel 36:26: "Et Dieu dit: 'Dans cette époque, à cause de l'impulsion mauvaise qui existe en vous, vous avez péché contre moi; mais dans l'époque à venir je *l'éliminerai* en vous.'"

A la lumière de cette expectative, les prédictions dramatiques de Jean-Baptiste prennent une nouvelle signification. Jean, le dernier des prophètes de l'Ancien Testament, fait converger sur Jésus tous les rayons de l'espoir messianique quand il annonce: "Moi, je vous baptise d'eau, pour vous amener à la repentance; mais celui qui vient après moi est plus puissant que moi, et je ne suis pas digne de porter ses souliers. Lui, il vous baptisera de Saint-Esprit et de feu. Il a son van à la main: il nettoiera son aire, et il amassera son blé dans le grenier, mais il brûlera la paille dans un feu qui ne s'éteint point" (Matt. 3:11-12). Le royaume de Dieu est proche!

B. LE SAINT-ESPRIT DANS LE NOUVEAU TESTAMENT

L'Ancien Testament nous a donné le cadre dans lequel l'on doit comprendre le rôle de Christ et le don de l'Esprit à la Pentecôte. L'accent mis par le Nouveau Testament est évident: Christ a introduit la période tant attendue de l'Esprit.

1. *Le Saint-Esprit dans les Évangiles*

Nous trouvons dans les trois premiers Evangiles un certain nombre de références au Saint-Esprit. Matthieu en contient douze, et aucune d'elles ne se rapporte à la personne du Christ. Marc en contient six, cités d'ailleurs par Matthieu. Luc contient dix-huit références au Saint-Esprit, huit d'entre elles expliquant la relation du Saint-Esprit à Jésus en tant que le Christ.

a. Le Saint-Esprit et la naissance de Jésus. Nous considérerons ces références spécifiques dans l'ordre de leur importance.

(1) Luc nous dit que Zacharie et Elisabeth, les parents de Jean-Baptiste, furent remplis du Saint-Esprit. "Elisabeth fut rempli du Saint-Esprit" et elle prononça une bénédiction sur la Vierge Marie (Luc 1:41-45), tandis que Zacharie prophétisait sous l'inspiration de l'Esprit (Luc 1:68-69). Le Saint-Esprit descendit aussi sur le vieux Siméon qui reconnut dans le Temple l'Enfant Jésus, notre Sauveur (Luc 2:22-32). Nous avons ici quelque chose similaire au don de l'Esprit pour la prophétie dans l'Ancien Testament, un remplissage temporaire de l'Esprit.

(2) Il est dit, cependant, à propos de Jean-Baptiste qu'il était "rempli de l'Esprit-Saint dès le sein de sa mère" (Luc 1:15), et qu'il "grandissait et se fortifiait en esprit" (Luc 1:80, *Synodale*). Quelle qu'en soit l'implication, cela signifie que sa vie était d'une manière spéciale sous le contrôle de Dieu depuis le commencement, qu'il était consacré au Seigneur avant sa naissance, et qu'il a grandi tout au cours d'une vie de dévotion personnelle pour devenir fort dans l'Esprit de Dieu. En tant que précurseur de Christ, il s'est montré plus grand que

tout autre avant lui. Et pourtant, Jésus a dit que le plus petit dans Son royaume est plus grand que Jean.

(3) Les passages les plus précieux de l'Évangile concernant le Saint-Esprit se réfère à lá conception surnaturelle de Jésus. "L'ange lui répondit: Le Saint-Esprit viendra sur toi, et la puissance du Très-Haut te couvrira de son ombre. C'est pourquoi le saint enfant qui naîtra de toi sera appelé Fils de Dieu" (Luc 1:35; cf. Matt. 1:18-23). Il était tout à fait convenable que le Fils impeccable de Dieu fût conçu de cette manière. Il n'était pas le produit de l'histoire humaine — Il est la Parole éternelle faite chair.

On doit dire à propos de nous tous: "Ce qui est né de la chair est chair." Par conséquent nous devons naître de nouveau — de l'Esprit. *Mais pas Jésus.* Sa seule naissance était de l'Esprit. Sa vie entière, dès Sa conception, était sous le contrôle sanctificateur du Saint-Esprit.

b. *Le Saint-Esprit et le baptême de Jésus.* Au baptême de Jésus, le Saint-Esprit descendit sur Lui "sous une forme corporelle" (Luc 3:22). L'Esprit n'est pas descendu sur Jésus à ce moment précis, puisqu'Il reposait sur Lui auparavant; mais il fut alors révélé que Jésus était le Porteur permanent du Saint-Esprit. Jésus, en somme, n'est pas *devenu* le Messie au moment de Son baptême. La colombe descendant sur Lui et la Voix venant du ciel *L'identifiaient* simplement comme l'Oint du Seigneur.

De plus, Jésus a été identifié, à Son baptême, comme *Celui qui baptise* du Saint-Esprit. "Jean rendit ce témoignage: J'ai vu l'Esprit descendre du ciel comme une colombe et s'arrêter sur lui. Je ne le connaissais pas, mais celui qui m'a envoyé baptiser d'eau, celui-là m'a dit: *Celui sur qui tu verras l'Esprit descendre et s'arrêter, c'est celui qui baptise du Saint-Esprit*" (Jean 1:32-33).

Donc, en Jésus-Christ les deux branches de la prophétie messianique convergent. A Son baptême Il est révélé comme (1) le Porteur permanent du Saint-Esprit et (2) comme Celui qui baptise du Saint-Esprit. Cela explique la déclaration dramatique de Jean: "Le royaume de Dieu est proche." Le moment final de la venue de l'Esprit s'approchait!

c. Le Saint-Esprit et la vie et le ministère de Jésus. D'autres passages de l'Évangile nous disent comment l'Esprit était présent avec Jésus au cours de Sa tentation, de Sa prédication, et quand Il chassait les démons. Toute Sa vie était en fait une manifestation du Saint-Esprit. "Les fruits de l'Esprit sont les vertus de Christ." *Il était le Modèle parfait de la vie remplie de l'Esprit.* Il ne parlait pas en langues, ni n'était un bigot qui affichait ses vertus. Il était si possédé de Dieu, et pourtant si sain d'esprit! Si saint, et pourtant si humble! L'Esprit nous murmure: "Ayez en vous les sentiments qui étaient en Jésus-Christ."

Dans un passage, Jésus met en garde contre le danger de blasphémer le Saint-Esprit (Matthieu 12:22-32). Par notre obstination, nous pouvons devenir si spirituellement aveugles que nous attribuerons à Satan les oeuvres de l'Esprit de Dieu. C'est un péché très dangereux, parce qu'il est la destruction de cette chose au dedans de nous à laquelle l'Esprit peut vouloir s'adresser.

La plupart des enseignements spécifiques de Jésus concernant le Saint-Esprit sont apparus vers la fin de Son ministère. Il était principalement interessé à montrer la puissance du Saint-Esprit pour la vie de justice et le témoignage effectif, et par conséquent à préparer le modèle pour la Pentecôte. Jésus a promis à Ses disciples que le Saint-Esprit leur donnerait les mots qu'ils auraient à dire quand ils seraient appelés par devant les autorités à cause de Lui (Matthieu 10:19-20).

La troisième ligne d'enseignement concernant l'Esprit se rapporte au don de l'Esprit promis à la Pentecôte. Nous aurons l'occasion de considérer soigneusement ces enseignements dans les chapitres suivants; deux promesses sont donc ici suffisantes pour illustrer cette emphase. "Cependant je vous dis la vérité: il est avantageux pour vous que je m'en aille! Car si je ne m'en vais pas, le Consolateur ne viendra point à vous; mais si je m'en vais, je vous l'enverrai" (Jean 16:7, *Synodale*). Toutes Ses promesses culminent dans celle-ci faite juste avant Son ascencion: "Dans peu de jours, vous serez baptisés du Saint-Esprit" (Actes 1:5). Tout était dirigé vers la Pentecôte.

2. *Le Saint-Esprit et la Pentecôte*

Dans le sermon de Simon Pierre, le jour de la Pentecôte, nous trouvons des paroles de très grandes importances: "C'EST ICI CE QUI A ÉTÉ DIT PAR LE PROPHÈTE JOËL." Avec l'annonce de la messianité de Jésus à Son baptême, la première branche de la prophétie messianique était accomplie. La proclamation de Pierre à la Pentecôte était une annonce que la deuxième branche était maintenant accomplie. Si le jour de l'Esprit venait de poindre au baptême de Jésus, à la Pentecôte "le soleil de la justice" s'était levé "avec de la guérison sous ses ailes".

Notez bien l'affirmation de l'apôtre: "Mais c'est ici ce qui a été dit par le prophéte Joël: Dans les derniers jours, dit Dieu, je répandrai de mon Esprit sur toute chair; vos fils et vos filles prophétiseront, vos jeunes gens auront des visions, et vos vieillards auront des songes. Oui, sur mes serviteurs et sur mes servantes, dans ces jours-là je répandrai de mon Esprit; et ils prophétiseront" (Actes 2:16-18). Les jours du Messie — prévus par les prophètes — étaient finalement arrivés dans toute leur gloire! Les "derniers jours" dont Pierre a parlé ont commencé avec la Première Venue de Christ et seront consommés par la Seconde Venue, "ce grand et glorieux jour du Seigneur" (Actes 2:20). *Entre ces deux événements s'étend l'ère de l'Esprit.* "C'est ici la dispensation au cours de laquelle Jésus-Christ baptise les croyants de Saint-Esprit et de feu."

Touchés dans leurs coeurs par le sermon de Pierre à la Pentecôte, ses auditeurs lui demandèrent: "Hommes frères, que ferons-nous? Alors Pierre leur dit: Repentez-vous, et que chacun de vous soit baptisé au nom de Jésus-Christ, pour le pardon de vos péchés; et vous recevrez le don du Saint-Esprit. Car la promesse est pour vous, pour vos enfants, et pour tous ceux qui sont au loin, en aussi grand nombre que le Seigneur notre Dieu les appellera" (Actes 2:37-39).

Quelle est la "promesse" à laquelle Pierre se réfère? C'est tout simplement la promesse "du don du Saint-Esprit". C'est la promesse du baptême du Saint-Esprit. Sur le mont des Oliviers notre Seigneur "leur recommanda de ne pas s'éloigner de Jérusalem, mais d'attendre *la promesse* du Père dont, leur dit-il, vous m'avez entendu parler; car Jean a baptisé d'eau, mais vous, dans peu de jours, vous serez baptisés d'Esprit Saint" (Actes 1:4-5, *Segond révisée, 1978*). La glorieuse promesse qui s'étend de cette période à nos jours, c'est que nous pouvons être baptisés du Saint-Esprit (cf. Actes 2:38-39).

La promesse du Père est "pour tous ceux qui sont au loin". Cette promesse nous concerne aussi, car nous sommes du nombre des Gentils qui étaient "jadis éloignés, [mais ont] été rapprochés par le sang de Christ" (Ephésiens 2:13). Mais, afin que nous n'ayons aucun doute à ce sujet, Pierre ajoute: "en aussi grand nombre que le Seigneur notre Dieu les appellera". Les mots peuvent-ils être plus clairs? Le baptême du Saint-Esprit est le patrimoine de tout enfant de Dieu tout au cours de cette ère.

"C'est donc ce point que le Nouveau Testament met constamment en relief — l'oeuvre, la présence, la pureté, la puissance du Saint-Esprit. Sur le plan de la dispensation tout devait culminer en Lui. Sa venue dans le coeur de chaque croyant, par Sa présence qui purifie et fortifie, était la réalisation finale de toutes les périodes passées. Non pas qu'Il devrait recevoir la prééminence mais qu'Il ait le pouvoir de l'accorder, Son oeuvre devait être de cristalliser et de conserver l'oeuvre du Calvaire... Nous vivons aujourd'hui dans la dispensation du Saint-Esprit. Il est le membre de la Trinité souverainement choisi pour réaliser les objectifs de Dieu sur la terre. Sa présence permanente doit être reconnue et établie comme une réalité fondée sur l'expérience dans le coeur de tous ceux qui voudraient faire la volonté de Dieu[2]."

Un Hindou, tenant un Nouveau Testament à la main, confronta un missionnaire avec cette question: "Monsieur, j'ai lu dans le Nouveau Testament, au livre des Actes, que les disciples de Jésus reçurent un puissant baptême par le Saint-Esprit. Permettez-moi de vous demander: Monsieur, avez-vous reçu ce baptême?" Bien qu'il ait fréquenté l'université, ce missionnaire baissa la tête en confessant qu'il était dans l'ignorance de ce baptême. Mais il était honnête. Il retourna à sa mission et passa une période de recherche dans la prière. Il en émergea comme un missionnaire baptisé du Saint-Esprit et laissa un monument à son oeuvre en Inde quand il mourut, plusieurs années après, dans la paix du Seigneur. Quelle serait *votre* propre réponse à la question: "Monsieur, avez-*vous* reçu ce baptême?"

QUESTIONS À DISCUTER

1. Quels sont les trois groupes de passages de l'An-

cien Testament qui traitent du Saint-Esprit?

2. Que pouvez-vous dire au sujet de la relation du Saint-Esprit avec le monde en général?

3. Comment l'Esprit agissait-Il sur les hommes aux temps de l'Ancien Testament?

4. En quoi l'oeuvre du Saint-Esprit dans l'Ancien Testament est-elle moindre que le ministère de l'Esprit dans le Nouveau Testament?

5. Quelle serait, d'après les prophéties, la relation de l'Esprit au Messie?

6. Qu'est-ce qui a été prédit comme étant la marque distinctive de la période messianique?

7. Que pouvons-nous apprendre de Jésus comme le modèle de la Pentecôte?

8. Montrez par la parole de Dieu que nous vivons dans l'époque continue du Saint-Esprit.

CHAPITRE 4

LA PERSONNE DU SAINT-ESPRIT

Si vous m'aimez, vous garderez mes commandements. Et je prierai le Père, qui vous donnera un autre Consolateur, afin qu'il soit éternellement avec vous, l'Esprit de vérité, que le monde ne peut recevoir, parce qu'il ne le voit pas et ne le connaît pas; mais vous, vous le connaissez, parce qu'il demeure avec vous, et il sera en vous. Je ne vous laisserai pas orphelins, je reviendrai près de vous (Jean 14:15-18, Synodale).

Qu'est-ce que la Bible a à dire au sujet du Saint-Esprit en tant que Personne? Nous ne pouvons pas comprendre correctement Son oeuvre ou entrer dans une vraie relation avec le Saint-Esprit Lui-même, et connaître ainsi Son oeuvre gracieuse dans nos âmes, à moins que nous ne reconnaissions Sa vraie personnalité.

Il est important pour nous de souligner particulièrement la personnalité du Saint-Esprit:

(1) Dans la révélation chrétienne complète de Dieu, le Saint-Esprit est présenté comme étant réellement personnel. Parler du Saint-Esprit comme d'une chose — une influence impersonnelle ou une puissance de Dieu — c'est discréditer, ou tout au moins ignorer, l'enseignement clair du Nouveau Testament.

(2) Considérer le Saint-Esprit comme étant simplement une puissance de Dieu, c'est tomber dans une forme d'idolâtrie; c'est demander: "Comment puis-je posséder le Saint-Esprit et l'utiliser?" Dieu serait alors une puissance qu'on pourrait manipuler d'une manière

égoïste. Si je pense du Saint-Esprit comme étant une force impersonnelle, je demanderai: "Comment puis-je avoir plus de puissance?" Mais si je Le reconnais en tant que Personne, mon intérêt sera: "Comment le Saint-Esprit peut-Il avoir plus de moi?" La religion basée sur la Bible converge sur Dieu. Une telle convergence sur Dieu est gardée par la foi dans le Saint-Esprit comme la Troisième Personne de la sainte Trinité.

(3) Considérer le Saint-Esprit comme étant une influence impersonnelle, c'est Lui ravir l'adoration qui Lui est due en tant que Troisième Personne de la Trinité adorable.

> *Gloire à Dieu notre Créateur!*
> *Gloire à Christ notre Rédempteur!*
> *Gloire à l'Esprit Consolateur!*
> *Louange et gloire au Dieu Sauveur!*

Connaître et adorer le Saint-Esprit est, cependant, plus qu'une question de théologie correcte. Il doit venir dans Sa demeure personnelle en nous, afin que nous puissions avoir une connaissance *intérieure* et *sanctifiante* de Lui. Le passage placé au début de ce chapitre (Jean 14:15-18) est devenu le canal par lequel cette connaissance s'est révélée personnellement à l'auteur. Il s'est rendu compte péniblement que sa vie ne portait pas le fruit de l'Esprit. Des agitations intérieures et des défaites occasionnelles ont troublé sa communion avec Dieu. Son coeur soupirait après la plénitude de l'Esprit tandis qu'il lisait ces paroles sacrées. Et puis la crise eut lieu! Son coeur commença à brûler au dedans de lui, *sachant* avec cette connaissance qui surpasse la compréhension intellectuelle que le Saint-Esprit Lui-même est venu pour y demeurer. Avec la venue du Consolateur, la vérité est devenue tout à coup indiciblement personnelle. Durant des années, il avait cru intellectuellement dans la personnalité du Saint-Esprit, mais à ce moment particulier il L'a connu dans Sa plénitude personnelle.

> *Gloire soit au Père,*
> *Et au Fils,*
> *Et au Saint-Esprit;*
> *Comme il était au commencement,*
> *Est maintenant et sera toujours,*
> *Monde sans fin. Amen.*

A. LA PERSONNALITÉ DU SAINT-ESPRIT

Quand nous parlons du Saint-Esprit en tant que Personne, nous n'entendons pas par là qu'Il est une créature corporelle. Les personnes humaines, comme nous les connaissons dans cette vie, ont des corps; mais un corps n'est qu'un moyen servant à exprimer la vraie personnalité. Une personne pense, sent, agit. Une personne fait aussi des choix moraux.

1. *Qualités personnelles appartenant au Saint-Esprit*

a. *Intelligence.* Quand nous affirmons que l'Esprit est intelligent, nous affirmons alors Sa personnalité. Le prophète Esaïe a demandé: "Qui a dirigé l'Esprit de l'Eternel, et l'a instruit comme l'homme de son conseil? Avec qui a-t-il tenu conseil, et [qui] lui a donné de l'intelligence, et l'a instruit dans le sentier du juste jugement, et lui a enseigné la connaissance, et lui a fait connaître le chemin de l'intelligence?" (Esaïe 40:13-14, *Darby*). La même vérité se présente à nous dans le Nouveau Testament: "Lequel des hommes, en effet, connaît les choses de l'homme, si ce n'est l'esprit de l'homme qui est en lui? De même, personne ne connaît les choses de Dieu, si ce n'est l'Esprit de Dieu . . . Car qui a connu la pensée du Seigneur, pour l'instruire?" (1 Corinthiens 2:11, 16). En Romains 8:26-27, Paul parle de la *pensée* de l'Esprit, suggérant qu'il y a dans nos prières une signification au-delà de ce dont nous sommes conscients. La vraie intention de la prière réelle est le résultat de l'oeuvre du Saint-Esprit qui nous guide dans nos prières.

b. *Sentiment.* Le Saint-Esprit a des sentiments et des émotions personnels. En Romains 15:30 nous lisons: "Je vous exhorte, frères, par notre Seigneur Jésus-Christ et par l'*amour* de l'Esprit, à combattre avec moi, en adressant à Dieu des prières en ma faveur." Éphésiens 4:30 nous avertit: "N'attristez pas le Saint-Esprit de Dieu." Le Saint-Esprit en nous crée dans nos coeurs l'amour divin, mais si nous succombons à un esprit contraire à celui de Christ, Il est attristé. Persister dans une mauvaise attitude, c'est L'attrister et briser Son sceau placé sur nos coeurs.

c. *Décision et objectif.* Dans sa première épître aux Corinthiens, Paul discute des dons spirituels. Ils sont variés, dit-il, pour servir à diverses fonctions dans le corps de Christ. "Un seul et même Esprit opère toutes ces choses, les distribuant à chacun en particulier *comme il veut*" (1 Cor. 12:11). Une personne ne possède pas un don selon sa propre volonté ou son propre choix, mais selon le choix de l'Esprit. Bien que Dieu tienne probablement compte de nos capacités naturelles, les dons de l'Esprit sont, en fin de compte, des dons surnaturels octroyés selon la volonté de l'Esprit. Nous confrontons, ici, la question de l'appel de l'Esprit. Il est possible que je préfère m'adonner à un certain genre d'occupation, mais je me sens intérieurement attiré vers un autre type de service. L'appel des prophètes des temps anciens et l'appel d'aujourd'hui au ministère ou dans le champ missionnaire sont des évidences de la planification par l'Esprit. L'Esprit n'est pas une puissance divine que nous utilisons selon notre volonté; Il est une Personne divine qui veut nous utiliser selon Sa volonté.

d. *Choix moraux.* Le qualificatif "Saint" appliqué à l'Esprit de Dieu indique qu'Il est une Personnalité morale. La sainteté, au sens moral, ne peut s'appliquer qu'à un être personnel. La même conclusion concernant Sa nature morale dérive du fait qu'Il est un Membre de la Trinité. Celui qui s'appelle l'Esprit de Dieu et l'Esprit de Christ doit être le Saint-Esprit. Dans l'avertissement solennel de Jésus aux Pharisiens contre le blasphème du Saint-Esprit, "leur danger était celui d'ignorer ou de défier la plus grande puissance morale de l'univers, de le faire au point de détruire en eux tout pouvoir de discrimination morale[1]". En outre, lorsque l'Esprit nous convainc, Il convainc de *péché* et de *justice*, et quand Il entre dans nos coeurs par Sa puissance régénératrice et sanctificatrice, Il nous transforme moralement. Il est attristé par le péché, parce qu'Il est une Personne morale.

2. *Les actes personnels appartenant au Saint-Esprit*

Une lecture même désinvolte du Nouveau Testament nous convainc que l'Esprit *agit* comme une Personne. Jésus a promis à Ses disciples que l'Esprit leur enseignerait toutes choses et leur rappellerait tout ce qu'Il leur avait dit, alors qu'Il était avec eux dans la chair (Jean 14:26). Remarquez les verbes dans le passage suivant: "Quand il sera venu, lui, l'Esprit de vérité, il vous *conduira* dans toute la vérité; car ses paroles ne viendront pas de lui-même, mais il *parlera* de tout ce qu'il *aura entendu* et vous *annoncera* les choses à venir. Lui me *glorifiera*, parce qu'il *prendra* de ce qui est à moi et vous l'annoncera" (Jean 16:13-14, *Segond révisée, 1978*). Le livre des Actes nous dit que l'Esprit parle, envoie, défend et conseille.

3. *Les pronoms personnels employés en référence à l'Esprit*

Le mot grec *pneuma*, traduit par "Esprit" dans le Nouveau Testament, est du genre neutre. Le mot hébreu *ruach*, traduit par "Esprit", signifie aussi "vent" ou "souffle" dans son usage original. Mais dans les discours de la Chambre Haute, mentionnés dans l'Évangile de Jean (14:17, 26 et suivants), les lois de la grammaire grecque sont violées. Des pronoms personnels sont employés, alors que la langue grecque exige normalement le neutre. Nous lisons donc des phrases telles que: "L'Esprit *lui-même* rend témoignage...", "l'Esprit *lui-même* intercède..." (Rom. 8:16, 26); le pronom *lui-même* se référant à une personne et non à une chose.

4. *L'Esprit associé au Père et au Fils*

Le Nouveau Testament établit un parallèle entre le Saint-Esprit et les autres Personnes de la Déité. La Grande Commission nous commande de baptiser "au nom du Père, du Fils et du Saint-Esprit" (Mat. 28:19). Paul termine sa deuxième épître aux Corinthiens par cette bénédiction émouvante: "Que la grâce du Seigneur Jésus-Christ, l'amour de Dieu et la communion du Saint-Esprit, soient avec vous tous" (2 Cor. 13:13).

Le Nouveau Testament présente l'Esprit en tant que Dieu. Après avoir accusé Ananias de mentir au Saint-Esprit, Pierre lui dit: "Ce n'est pas à des hommes que tu as menti, mais à Dieu" (Ac. 5:4). Si l'Esprit est Dieu, et Dieu est personnel, alors l'Esprit est personnel.

B. LA TRINITÉ

Notre étude sur la personnalité du Saint-Esprit nous a introduit à la doctrine de la Trinité. Les chrétiens intelligents et alertes doivent avoir une certaine compréhension de cette doctrine assez difficile. Nous ne pouvons pas nous attendre à comprendre complètement le mystère de l'Infini. Si nous le pouvions, Dieu ne serait pas Dieu. Le mystère devrait inspirer une crainte respectueuse, de l'adoration. Mais le mystère ne doit pas nous entraîner dans la contradiction. La doctrine de la Trinité peut être *au-delà* de la raison, mais elle ne doit pas être formulée de telle sorte qu'elle devienne déraisonnable.

1. *Il y a un seul Dieu*

La Bible tout entière prône le monothéisme, révélant le Dieu vivant et vrai. Le *Shema* de l'Ancien Testament résume la foi du juif et du chrétien: "Ecoute *(Shema)*, Israël! L'Eternel, notre Dieu, est le seul Eternel. Tu aimeras l'Eternel, ton Dieu, de tout ton coeur, de toute ton âme et de toute ta force" (Deut. 6:4-5). Jésus a dit: "Ne croyez pas que je sois venu pour abolir la loi ou les prophètes; je suis venu non pour abolir, mais pour accomplir" (Mat. 5:17). Jésus n'est pas venu pour mettre de côté, mais pour accomplir la foi monothéiste du judaïsme. Le Nouveau Testament ne doit pas être interprété de manière à présenter trois Dieux. Paul dit catégoriquement: "Il y a *un seul Dieu*..." (1 Tim. 2:5). Il y a un seul Etre Divin. La raison supporte cette affirmation de la révélation. La science sait que nous vivons dans un *univers,* un système unifié d'ordre et d'intelligence présidé et soutenu par l'Intelligence Suprême. Le principe ultime de l'univers est Un. Cela est si évident à la raison que les philosophes de la Grèce antique étaient parvenus à la croyance en un seul Dieu, en dehors de la révélation spéciale donnée dans la Bible.

2. *Il y a trois "Personnes" dans le Dieu unique*

La Bible enseigne — par des indications claires dans l'Ancien Testament et par des déclarations explicites dans le Nouveau Testament — que l'unité de Dieu n'est pas une unité rigide, mathématique. Elle est plutôt une riche complexité.

Dieu est un; Dieu est trois. Mais Dieu n'est pas trois de la même manière qu'Il est un — ce qui serait un non-sens. *Il est un seul Etre divin au sein de qui il y a trois centres de conscience personnelle.* L'Église Primitive disait que Dieu est une substance au sein de laquelle il y a trois Personnes. Mais, pour l'individu moyen, le mot "substance" suggère l'idée de chose matérielle — *alors que Dieu est Esprit.* Le mot *être* est préférable à *substance.* Bien que nous ne puissions pas comprendre la nature de Dieu, nous savons au moins ceci: Il n'est pas *solitaire,* Il est *social.*

> *Gloire à Dieu dans la Trinité,*
> *Dont les noms ont des mystères inconnus:*
> *D'une seule essence, en trois Personnes;*
> *Une nature sociale, pourtant seul.*
> —Isaac Watts

a. *L'enseignement du Nouveau Testament.* Le Nouveau Testament enseigne clairement que le Père est Dieu, le Fils est Dieu, le Saint-Esprit est Dieu. Il enseigne, en outre, que partout où et chaque fois que nous rencontrons une Personne appartenant à la Déité nous rencontrons *Dieu.* Le Père est Dieu, Christ est Dieu, l'Esprit est Dieu.

Le Dr Samuel Chadwick observe: "De même qu'il a plu à Dieu que dans Son Fils devrait demeurer corporellement toute la plénitude de la divinité, il Lui a plu de même que dans la dispensation de l'Esprit la même plénitude devrait demeurer en Lui; et comme le Père et l'Esprit ont été révélés dans le Fils, de même le Père et le Fils sont révélés à l'âme dans l'Esprit[2]." Tout comme

Jésus était Emmanuel, *Dieu avec nous,* de même le Saint-Esprit est *Dieu en nous.*

Tout ce que Dieu fait, c'est la Trinité tout entière qui le fait. Les trois Personnes sont un en être, en objectif et en activité. Dans l'expérience chrétienne nous savons que nous avons affaire, non pas à trois Dieux, mais au seul Dieu vivant et vrai. Pourtant, nous participons dans le Dieu unique à travers l'oeuvre spéciale des Trois. *Par* Christ, nous avons accès *auprès* du Père, *dans* le Saint-Esprit (Eph. 2:18). Etre chrétien, c'est faire l'expérience de Dieu trois-en-un.

b. Les Personnes de la Déité. En pensant au sujet de la Trinité, nous devons éviter l'erreur à savoir qu'il y a trois Dieux — trois individus au sens humain du terme — dans la Déité. Cette erreur s'appelle trithéisme (trois dieux) et elle est dangereusement proche du polythéisme (plusieurs dieux).

La personnalité a deux aspects — l'individuel et le social[3]. L'aspect *individuel* c'est ce qui distingue un être de tous les autres êtres. L'aspect *social* c'est ce qui nous rend une partie de tous les autres êtres humains et nous pousse à nous donner aux autres dans la communion de l'amour.

En appliquant ce que nous venons de dire aux "Personnes" de la Déité, nous dirions que chacun d'eux est distinct dans un sens des autres, mais que chaque Personne vit dans et pour les autres. Les trois Personnes de la Déité son *distinctes mais non pas séparées.* Chacun d'eux est en tous et tous sont dans chacun. Dieu n'est donc pas solitaire mais social dans Son être. Le Dieu unique, qui est amour saint, est le Modèle parfait de toute communion dans l'amour.

Le Dr Chadwick fait remarquer: "La perplexité provient de notre conception imparfaite des Personnes de la Trinité. Pour nous, la personnalité suppose la division et l'exclusion. Chacun est séparé du reste, et doit être une personnalité séparée. La personnalité dans la Trinité n'est pas exclusive mais inclusive; elle n'entraîne pas la division, elle est inhérente[4]."

3. *Le Fils et l'Esprit*

Afin d'apprécier toute l'oeuvre du Saint-Esprit, il nous faut d'abord comprendre le rôle de Christ et de l'Esprit,

a. *Christ est venu révéler Dieu*. Philippe exprima le désir ardent du coeur humain, quand il demanda au Sauveur: "Montre-nous le Père." A quoi ressemble Dieu? Qu'est-ce qu'Il est dans Son être le plus intime?

L'Ancien Testament nous donne une explication graduelle de la révélation par Dieu de Lui-même. Mais Dieu ne pouvait pas se révéler complètement aux prophètes ou dans les parchemins — *Il doit venir à nous en personne*. Aussi Jésus répondit-il à Philippe: "Celui qui m'a vu a vu le Père" (Jean 14:9). Jésus était Dieu revêtu de personnalité humaine, afin que nous pussions Le voir, Le regarder et Le toucher — afin que nous pussions Le *connaître*. Comme a si bien dit un petit enfant: "Jésus est la meilleure photographie que Dieu *jamais* a prise". Sa grammaire a bien pu être défectueuse, mais sa théologie était correcte. Depuis la venue de Jésus, nous savons que notre Père est un Dieu à la ressemblance de Christ.

La révélation suprême et finale de Dieu est dans la Croix et dans la Résurrection de Christ. "Nous avons connu l'amour, en ce qu'il a donné sa vie pour nous" (1 Jean 3:16). La Croix est l'expression concrète du saint amour de Dieu; cet amour prend sur lui-même la souffrance et l'aliénation causée par le péché, afin de la détruire — de faire l'expiation.

> *Je me glorifie dans la Croix de Christ*
> *Dominant les ruines du temps.*

> *Toute la lumière du récit sacré*
> *Converge autour de son sommet sublime.*
> —John Bowring

La Résurrection est l'assurance de la victoire divine sur le péché, la mort et l'enfer; la promesse que nous fait un Christ vivant.

b. Le Saint-Esprit est venu nous faire connaître Dieu intimement. Le Saint-Esprit est venu appliquer à nos coeurs les bénéfices découlant des souffrances rédemptrices de Christ. Il existe pour agir *en* nous. "Il Lui appartient de pénétrer dans les replis de l'esprit humain et d'agir au sein de la subjectivité de l'homme. De l'intérieur de notre être humain, l'Esprit vitalise, stabilise, renouvelle, exhorte, avertit, rappelle, interprète, illumine, guide et réconforte ou fortifie. Il est Dieu dans Son activité et Son agence spéciales d'invasion secrète et d'occupation invisible[5]." Il est l'Esprit *sanctificateur* — nous rendant saint comme le Père est saint.

Si la révélation de Dieu par Lui-même a atteint son apogée dans la vie, la mort et la résurrection de Jésus, Sa communication de Lui-même a atteint son apogée dans Sa venue par le moyen de l'Esprit, à la Pentecôte, pour demeurer dans et sanctifier les coeurs de Ses enfants. Jésus est Dieu avec nous; le Saint-Esprit est Dieu *en* nous.

C. LE CONSOLATEUR

L'un des noms donnés par Jésus au Saint-Esprit est celui de *Consolateur*. Le mot grec *parakleton* traduit ainsi signifie "quelqu'un appelé à côté de nous". Le terme équivalent en français est *avocat*. Jésus a promis que le Saint-Esprit sera avec nous — *en* nous — pour nous conseiller, nous guider, nous aider, nous consoler dans la nuit noire de la souffrance et de la tristesse.

Le Dr G. Campbell Morgan et le Dr Samuel Chadwick s'adressaient tous deux à une convention religieuse. Dans un message, au début d'un service, le Dr Chadwick fit objection au terme Consolateur en référence au Saint-Esprit. Il argumentait que l'Esprit est notre Avocat, et il disait qu'il n'appellerait jamais son avocat son consolateur. Le Dr Morgan, prenant peu après la parole, fit remarquer qu'il était d'une opinion différente de celui de son ami bien-aimé, disant que s'il avait besoin d'un avocat ce serait pour lui d'un grand réconfort de savoir que son cas était entre les mains d'un avocat très habile. Beaucoup de chrétiens essaient de vivre selon leur propre sagesse et leurs propres ressources humaines, alors qu'ils auraient dû tout abandonner au Saint-Esprit. Oh, quel repos quand nous cessons de compter sur nous-mêmes et recevons l'Esprit, quand nous abandonnons tout entre les mains de Dieu et Le laissons agir!

Le mot "consolateur" est formé de deux mots latins qui signifient "avec réconfort". Le Saint-Esprit est notre divin Réconfort et Secours. Il est avec nous, pour nous accorder de la sagesse, de l'encouragement et de l'inspiration. Et dans la nuit de la désolation Il nous réconfortera avec Sa chaleur et Son amour.

D. L'ESPRIT DE CHRIST

L'enseignement distinctif du Nouveau Testament c'est que l'Esprit de Dieu est l'Esprit de Christ. Il est l'Esprit de Christ parce que Christ était le Porteur et le Baptiseur de l'Esprit. Dans le livre des Actes et dans les Épîtres du Nouveau Testament, l'Esprit est appelé l'Esprit de Jésus, l'Esprit de Christ, l'Esprit de Jésus-Christ et l'Esprit du Seigneur (ou le Seigneur, l'Esprit).

1. *Le Saint-Esprit est "l'Autre Être de Christ"*

Aux disciples qui étaient découragés à la pensée du

départ de Jésus, le Sauveur leur fit cette promesse: "Le Père... vous donnera un *autre* Consolateur, afin qu'il soit éternellement avec vous... *Je ne vous laisserai pas orphelins, je reviendrai près de vous*" (Jean 14:16, 18, *Synodale*). Le Consolateur devait être pour les disciples tout ce que Christ était pour eux — et encore plus. Tant que Jésus était avec eux dans la chair, l'Esprit était avec eux en Sa personne; mais la promesse de Jésus était: Après que Je serai parti pour retourner auprès du Père, Il (l'Esprit) sera *en* vous. C'est pourquoi Il a dit: "Il est avantageux pour vous que je m'en aille! Car si ne m'en vais pas, le Consolateur ne viendra point à vous; mais, si je m'en vais, je vous l'enverrai" (Jean 16:7). En leur envoyant l'Esprit, Christ Lui-même revenait pour demeurer dans leurs coeurs. L'Esprit demeurant en eux, c'est Christ demeurant en eux.

Pour cette raison, le Nouveau Testament parle de la Présence demeurant en nous tantôt comme l'Esprit, tantôt comme Christ. Paul dit en une occasion: "C'est Christ qui vit en moi" (Gal. 2:20). En une autre occasion il parle avec autant d'autorité et nous dit que nous sommes les temples du Saint-Esprit (1 Cor. 6:19). Il prie pour les Ephésiens afin que *Christ* puisse habiter dans leurs coeurs et qu'ils puissent être "remplis de toute la plénitude de Dieu" (Eph. 3:17-19). S'adressant encore aux chrétiens d'Ephèse, il leur dit: "Soyez remplis de l'*Esprit*" (Eph. 5:18; voyez Rom. 8:9-11).

Il n'y a aucune confusion de Personnes dans ces passages. Christ qui est "la plénitude de Dieu", habite dans les temples de nos coeurs par l'Esprit. Il y a deux Personnes mais une seule expérience.

2. Le Saint-Esprit glorifie Christ

Il y a au sujet du Saint-Esprit une "tendance incurable à l'effacement de soi". Jésus a dit qu'Il ne parlerait pas de Lui-même, mais ajouta plutôt, en parlant du Saint-Esprit: "Il me glorifiera, parce qu'il prendra de ce qui est à moi, et vous l'annoncera" (Jean 16:14). Tout comme Christ est venu pour glorifier — révéler — le Père, de même l'Esprit est venu glorifier Christ, afin que Christ soit "tout en tous".

Soutenir, comme le font quelques-uns, que dans la régénération nous recevons Christ et que dans l'entière sanctification nous recevons le Saint-Esprit est faux pour deux raisons. Premièrement, cette opinion établit une séparation fausse et antiscripturaire entre Christ et l'Esprit. Deuxièmement, elle néglige la vérité cardinale à savoir que le Saint-Esprit vient pour exalter et manifester Christ dans nos vies. Etre rempli de l'Esprit, ce n'est pas simplement jouir d'une "expérience" mystique ou émotionnelle; c'est être envahi et possédé par l'Esprit de Christ. Il y aura de l'émotion, bien sûr, mais de l'émotion dirigée et contrôlée *vers la ressemblance avec Christ*. Les Corinthiens pensaient qu'être rempli du Saint-Esprit voulait dire simplement extase; Paul les informait que cela voulait dire avoir l'amour divin (1 Cor. 13:1-7). L'homme spirituel, disait-il, a "la pensée de Christ" (1 Cor. 2:15-16). C'est de l'entière sanctification, car c'est de la sainteté totale.

3. *L'Esprit de Dieu est l'Esprit de Christ*

Paul écrit aux Romains: "Pour vous, ce n'est pas selon la chair que vous vivez, mais selon l'Esprit, s'il est vrai que l'*Esprit de Dieu* habite en vous; quiconque n'a pas l'*Esprit de Christ* ne lui appartient pas" (Rom. 8:9, *Synodale*). La preuve finale de notre connaissance de l'Esprit demeurant en nous est que nous manifestions l'Esprit de Christ.

Tout ce que Dieu fait pour nous tend vers une fin — que nous soyons capables de confesser avec Paul: "J'ai été crucifié avec Christ: si je vis, ce n'est plus moi qui vis, c'est Christ qui vit en moi; et si je vis encore dans la chair, je vis dans la foi au Fils de Dieu qui m'a aimé et qui s'est livré lui-même pour moi" (Gal. 2:20, *Synodale*).

Puisque Christ est venu pour être le Modèle parfait de la vie remplie de l'Esprit, quand je suis rempli de l'Esprit ma vie est enrichie de Ses gracieuses vertus — l'amour, la joie, la paix, la patience, la bonté, la bénignité, la fidélité, la douceur, la tempérance. "Les fruits de l'Esprit sont les vertus de Christ." "Ayez en vous la pensée qui était en Christ-Jésus" (Phil. 2:5, *Segond révisée, 1978*).

Luther a dit que si quelqu'un frappait à sa porte et demandait: "Martin Luther vit-il ici?" il répondrait: "Martin Luther vivait ici, mais il est mort, Jésus-Christ vit ici maintenant." Thomas O. Chisholm a exprimé le profond désir du coeur de chaque croyant dans les vers suivants:

Oh, être comme Toi! Rédempteur béni,
C'est mon désir et ma constante prière.
J'abandonnerai joyeusement tous les trésors de la terre,
Pour me revêtir, Jésus, de Ta parfaite ressemblance.

Oh, être comme Toi! Tandis que je T'en supplie,
Répands en moi Ton Esprit, remplis-moi de Ton amour;
Fais de moi un temple où Tu fais Ta demeure;
Prépare-moi pour la vie et les cieux d'en haut.

Oh, être comme Toi! Oh, être comme Toi!
Rédempteur béni, pur comme Toi!
Viens dans Ta douceur, viens dans Ta plénitude;
Imprime Ta propre image au tréfonds de mon coeur.

QUESTIONS À DISCUTER

1. Pourquoi est-il important de mettre en relief la

personnalité du Saint-Esprit?

2. Quelles sont nos raisons de croire dans la personnalité de l'Esprit de Dieu?

3. Qu'entendons-nous par les "Personnes" de la sainte Trinité?

4. Expliquez la déclaration concernant les Personnes de la Déité: "Chacun est en tout, et tous sont en chacun."

5. Quel est le rôle distinct de l'Esprit dans l'oeuvre de Dieu?

6. Expliquez la signification du titre *Consolateur* en référence au Saint-Esprit.

7. Pourquoi est-il important que nous comprenions que l'Esprit de Dieu est l'Esprit de Christ?

CHAPITRE 5

L'OEUVRE DE L'ESPRIT

Je crois dans l'Esprit éternel et infini de Dieu, égal au Père et au Fils, non seulement parfaitement saint en Lui-même mais aussi la cause immédiate de toute sainteté en nous; illuminant notre compréhension, rectifiant notre volonté et nos affections, renouvelant notre nature, unissant nos personnes à Christ, nous assurant de notre adoption comme fils, nous conduisant dans nos actions, purifiant et sanctifiant nos âmes et nos corps, en vue d'une complète et éternelle jouissance de Dieu.

—John Wesley

"Faites-le vous-même" est un bon slogan, sauf quand il est appliqué à la religion. La majorité des gens aujourd'hui ont développé leur propre religion, suivant l'exemple de ces hommes d'antan qui ont dit: "Allons! bâtissons-nous une ville et une tour dont le sommet touche au ciel, et faisons-nous un nom" (Gen. 11:4).

La Tour de Babel est un symbole de la condamnation non équivoque par Dieu des efforts de l'homme pour achever son propre salut. L'autosuffisance imaginaire de l'homme moralement religieux est l'obstacle le plus effectif à la grâce divine. Aux "meilleurs" hommes de Son temps, Jésus a dit: "Les publicains et les prostituées vous devanceront dans le royaume de Dieu" (Matt. 21: 31). Ce n'est pas que Dieu soit indifférent aux valeurs morales, mais Il doit enseigner à l'homme qu'il ne peut pas se sauver lui-même. Tout ce que nous pouvons faire pour nous-mêmes c'est de convertir nos péchés en une sorte de pharisaïsme, c'est-à-dire ériger nos propres Tours de Babel. La première et la plus importante leçon que nous devons donc adopter, c'est que le salut est l'oeuvre de *Dieu*. "Car c'est par la grâce que vous êtes sauvés, par le moyen de la foi. Et cela ne vient pas de vous, c'est le don de Dieu. Ce n'est point par les oeuvres, afin que personne ne se glorifie" (Eph. 2:8-9).

La doctrine du Saint-Esprit sauvegarde la priorité de Dieu dans notre rédemption. *La rédemption est d'origine divine.* "Et cet amour consiste, non point en ce que nous avons aimé Dieu, mais en ce qu'il nous a aimés et a envoyé son Fils come victime expiatoire pour nos péchés" (1 Jean 4:10). Le salut ce n'est pas l'homme aspirant vers Dieu, c'est Dieu condescendant vers l'homme. "Nous l'aimons, parce qu'il nous a aimés le premier" (1 Jean 4:19). *Notre salut personnel est d'initiative divine.* "Travaillez à votre salut avec crainte et tremblement...; car c'est DIEU qui produit en vous le vouloir et le faire, selon son bon plaisir" (Phil. 2:12-13). Nous pouvons travailler à notre salut parce que Dieu est à l'oeuvre en nous. La présence de l'Esprit de Dieu dans nos coeurs est "la cause immédiate de toute sainteté en nous". C'est ce que les théologiens appellent la grâce prévenante de Dieu — la grâce qui va en avant et qui prépare la voie au salut authentique.

> *Et chaque vertu que nous possédons,*
> *Et chaque victoire que nous avons gagnée,*
> *Et chaque pensée de sainteté*
> *SONT A LUI SEUL.*
>
> —Harriet Auber

Tout compte fait, notre salut n'est qu'une réponse à l'amour préalable de Dieu. C'est le don et l'oeuvre de Dieu, "afin, comme il est écrit, que celui qui se glorifie se glorifie dans le Seigneur" (1 Cor. 1:31). Dieu prend l'initiative et nous y répondons. Dieu appelle et nous répondons. Dieu conduit et nous Le suivons. Le salut est une rencontre entre le *divin* et l'*humain;* le considérer simplement comme un rapport entre l'humain et le divin, c'est répéter la tragédie de Babel. "Dieu seul est l'Auteur de la foi et du salut. C'est Lui seul qui produit en nous le vouloir et le faire. Il est le seul Dispensateur de tout bon don, et le seul Auteur de toute bonne oeuvre. Il n'y a dans l'homme pas plus de pouvoir que de mérite; mais de même que toute mérite est dans le Fils de Dieu, en ce qu'il a fait et souffert pour nous, de même tout pouvoir est dans l'Esprit de Dieu[1]."

Tout comme le Saint-Esprit est l'*Auteur* de notre sainteté, Il est de même le *Consommateur* de la sainteté. Chaque étape d'avancement dans la vie chrétienne dépend de Son initiative. Les chrétiens galates ont oublié cette vérité très importante. "Voici seulement ce que je veux apprendre de vous", leur demande Paul, "Est-ce par les oeuvres de la loi que vous avez reçu l'Esprit, ou par la prédication de la foi? Etes-vous tellement dépourvus de sens? Après avoir commencé par l'Esprit, voulez-vous maintenant finir par la chair?" (Galates 3:2-3). Si nous nous abandonnons à chaque instant à Son influence sanctifiante, Il rendra parfaite jusqu'au retour de Jésus-Christ cette bonne oeuvre qu'Il a commencé en nous. "Le qualificatif 'saint', appliqué à l'Esprit de Dieu, indique non seulement qu'Il est saint dans Sa propre nature mais aussi qu'Il nous rend saints; qu'Il est la grande fontaine de sainteté pour Son Église; qu'Il est l'Esprit de qui découlent toute grâce et toute vertu par lesquelles nous sommes purifiés des souillures de la culpabilité et nous sommes renouvelés dans toutes les saintes dispositions, et réflétons à nouveau l'image de notre Créateur[2]." Notre salut total est l'oeuvre de l'Esprit sanctificateur.

A. LE SAINT-ESPRIT ET L'ESPRIT HUMAIN

L'auteur conseillait une fois un homme au sujet de sa relation personnelle avec Dieu. L'homme déclara alors: "Quand Dieu sera prêt à me convertir, Il le fera 'en un clin d'oeil'." Il était inébranlable dans sa conviction. Peu de temps après, cet homme mourut sans s'être converti.

Reconnaître que notre salut est l'oeuvre de l'Esprit de Dieu ne réduit pas l'homme à un objet inanimé comme une pierre ou un bâton. Bien que le Seigneur se représente comme le Potier, nous ne sommes pas des masses passives sur lesquelles Il opère arbitrairement. A la grâce prévenante de Dieu s'ajoute la proclamation de l'Évangile. "Ainsi la foi vient de ce qu'on entend, et ce qu'on entend vient de la parole de Christ" (Rom. 10:17). Dieu s'adresse à nous comme des créatures libres capables de répondre à Son appel.

Nous sommes invités, à travers toute la Bible, à *agir* — à nous repentir, à nous tourner vers Dieu, à croire. "Choisissez aujourd'hui qui vous voulez servir" (Josué 24:15). "Aujourd'hui, si vous entendez sa voix, n'endurcissez pas vos coeurs" (Ps. 95:7-8, *Synodale*). "Venez à moi, vous tous qui êtes fatigués et chargés, et je vous donnerai du repos" (Mat. 11:28). "Si quelqu'un veut faire la volonté de Dieu, il connaîtra si ma doctrine est de Dieu" (Jean 7:17, *Synodale*). De tels passages amènent à la conclusion suivante: "Ainsi chacun de nous rendra compte à Dieu pour lui-même" (Rom. 14:12). Etant libres, nous sommes donc responsables. La liberté est un fait d'expérience — sans elle il n'y aurait pas de vie morale. On peut abuser de la liberté au point de s'opposer au Saint-Esprit (Actes 7:51). Ecoutez la complainte venant du coeur brisé du Sauveur sur Sion la rebelle: "Jérusalem, Jérusalem, qui tues les prophètes et qui lapides ceux qui te sont envoyés, combien de fois ai-je voulu rassembler tes enfants, comme une poule rassemble sa couvée sous ses ailes, et vous ne l'avez pas voulu!'' (Luc 13:34). La volonté humaine opposée à la volonté divine!

Cependant, la liberté humaine opère seulement dans le contexte de la grâce divine. Nous pouvons chercher Dieu seulement quand Il nous cherche. ''Cherchez l'Eternel pendant qu'il peut être trouvé; invoquez-le, tandis qu'il est près de vous!'' (Esa. 55:6, *Synodale*). Jésus fit écho à ces paroles d'Esaïe, quand Il déclara: ''Nul ne peut venir à moi, si le Père qui m'a envoyé ne l'attire'' (Jean 6:44). Certains attendent que Dieu les submerge avec la grâce irrésistible — et ils temporisent. D'autres s'imaginent vainement qu'ils peuvent s'adresser à Dieu et être sauvés à la dernière minute — et ils présument. La première erreur provient d'un accent inapproprié mis sur la souveraineté divine; la seconde erreur résulte d'une insistance non scripturaire sur la liberté humaine. La grâce de Dieu, par la croix de Christ, est libre à tous et libre *en* tous; le sang de Christ a été versé pour *chaque* être humain. Nous devons, toutefois, venir à Dieu en Son temps et selon Ses conditions.

B. L'OEUVRE PRÉLIMINAIRE DU SAINT-ESPRIT

Notre salut, répétons-le, est complètement l'oeuvre de Dieu. Dieu est l'Auteur et le Consommateur de notre foi. Même si nous coopérons librement avec Lui pour être sauvés, nous ne le faisons que par la force de la grâce qu'Il nous accorde par Son Saint-Esprit. Il nous appelle, et nous sommes réveillés. Il nous convainc, et nous confessons nos péchés. Il nous accorde la repentance, et nous nous détournons de nos mauvaises voies. Il nous promet le pardon, et nous y croyons pour le salut de nos âmes. ''Dieu seul est l'Auteur de la foi et du salut.''

1. *Réveil*

L'attirance de nos âmes vers Dieu est l'effet du magnétisme de l'Esprit. ''L'impulsion à nous tourner vers la communion avec Dieu dépend de l'impact de l'action divine sur l'esprit humain. Cette action initiale peut être décrite par le terme *réveil* qui dénote, donc, une pression du côté divin non recherchée par les hommes qui, du reste, peuvent suivre l'intention de cette pression ou y résister. Le réveil est moins une régénération qu'une préparation à la régénération[3].'' Nous devrions sentir profondément que ''le premier désir de plaire à Dieu, le premier trait de lumière concernant Sa volonté, et la première conviction faible et fugace d'avoir péché contre Lui'' est l'oeuvre du Saint-Esprit dans Son action prévenante. Du moment que nous comprenons cela, nous sommes prévenus pour toujours contre la folie de nous glorifier en nous-mêmes.

2. *Conviction*

Réveillés par l'Esprit, nous sommes bientôt amenés à avoir un sens de culpabilité et de condamnation à cause de notre péché. Jésus a indiqué clairement que la conviction devait être l'une des fonctions de l'Esprit durant l'ère de la Pentecôte. ''Et quand il sera venu, il convaincra le monde en ce qui concerne le péché, la justice et le jugement: en ce qui concerne le péché, parce qu'ils ne croient pas en moi; la justice, parce que je vais au Père, et que vous ne me verrez plus; le jugement, parce que le prince de ce monde est jugé'' (Jean 16:8-11). Sous l'impact de la conviction du Saint-Esprit, nous sommes amenés à voir que le péché est essentiellement le fait de négliger le Sauveur, et que la justice est le don que Dieu Lui-même nous accorde par Christ — et, de plus, que continuer dans l'incroyance et le péché c'est encourir la proclamation finale du jugement divin qui s'est déjà prononcé contre Satan dans la mort de Christ sur la Croix. Dans son sermon sur "Les découvertes de la foi", John Wesley dit: "Le Saint-Esprit nous prépare pour Son royaume intérieur, en enlevant le voile placé devant nos coeurs, et en nous permettant de nous connaître nous-mêmes comme Il nous connaît; 'nous convainquant de péché', de notre nature mauvaise, de nos mauvais tempéraments, de nos paroles et actions mauvaises; toutes ces choses ne peuvent que participer de la corruption du coeur d'où elles proviennent. L'Esprit nous convainc alors du juste châtiment mérité pour nos péchés; de sorte que notre bouche se ferme et que nous sommes contraints de plaider coupables devant Dieu.

3. *Repentance*

Tout comme le réveil conduit à la conviction, la conviction conduit à la repentance. "En effet, la tristesse selon Dieu produit une repentance (qui mène) au salut et que l'on ne regrette pas" (2 Cor. 7:10, *Segond révisée 1978*). L'apôtre n'avait pas oublié son amère expérience en tant que grand persécuteur de l'Église. Luc, l'évangéliste, lève pour nous le voile dans son récit de la conversion de Saul. "Comme il était en chemin, et qu'il approchait de Damas, tout à coup une lumière venant du ciel resplendit autour de lui. Il tomba par terre, et il entendit une voix qui lui disait: Saul, Saul, pourquoi me persécutes-tu? Il répondit: Qui es-tu, Seigneur? Et le Seigneur dit: Je suis Jésus que tu persécutes. *Il te serait dur de regimber contre les aiguillons*" (Actes 9:3-5). Saul regimbait contre les aiguillons de la conviction divine. La conviction et la repentance sont liés entre elles d'une manière inséparable comme les maillons d'une chaîne, en ce qui concerne le salut personnel.

Dieu accorde la repentance à l'âme convaincue de péché, mais la repentance est l'acte libre de l'homme.

Deux mots grecs sont utilisés par les écrivains du Nouveau Testament pour parler de *repentance*. L'un de ces mots *(metameleia)* signifie un simple regret. Matthieu emploie une forme verbale de ce mot en se référant à Judas: "Alors Judas, qui l'avait livré, voyant qu'il était condamné, *se repentit* [*metamelètheis*], et rapporta les trente pièces d'argent aux principaux sacrificateurs et aux anciens, en disant: J'ai péché, en livrant le sang innocent" (Mat. 27:3-4). Mais la "repentance" de Judas n'était en réalité que du remords: du regret avec l'espoir du pardon en moins. Le mot le plus fréquemment employé dans le Nouveau Testament *(metanoia)* signifie "un changement sincère et profond de l'esprit par rapport au péché, impliquant un sens de culpabilité personnelle et un abandon volontaire du péché", pour se tourner vers Dieu. "Que le méchant abandonne sa voie, et l'homme d'iniquité ses pensées; qu'il retourne à l'Éternel, qui aura pitié de lui, à notre Dieu, qui ne se lasse pas de pardonner" (Esa. 55:7). *La repentance est le retour de l'âme à Dieu.* Dans la réformation, un homme peut abandonner son mauvais caractère, mais dans la repentance il abandonne ses péchés et revient à Dieu. La réformation est un acte moral; la repentance est un acte religieux. "L'Esprit de Dieu donne, à tous ceux qui veulent se repentir, le secours miséricordieux de la pénitence du coeur et l'espérance de la grâce, leur permettant de croire au pardon et à la vie spirituelle[4]."

4. *Foi salvatrice*

La repentance ouvre la voie à la foi justificatrice — elle nous permet de croire à salut. Après avoir averti les pharisiens que les publicains et les prostituées entraient dans le Royaume avant eux, notre Seigneur en expliqua la raison: ''Car Jean est venu à vous dans la voie de la justice, et vous n'avez pas cru en lui. Mais les publicains et les prostituées ont cru en lui; et vous, qui avez vu cela, vous ne vous êtes pas ensuite repentis pour croire en lui'' (Mat. 21:32). Les pharisiens, parce qu'ils étaient impénitents, ne pouvaient croire—nous non plus. La foi ne fleurit que dans un coeur pénitent. ''O Dieu! tu ne dédaignes pas un coeur brisé et contrit'' (Ps. 51:19).

Dans notre zèle mal guidé, nous exhortons parfois une personne à ''croire'' alors qu'elle ne s'est pas complètement repentie. Il est vrai que nous devrions parfois encourager la foi timide du chercheur; mais nous devons nous assurer que tout péché a été abandonné. En général, *toutefois, la foi salvatrice est le don immédiat du Saint-Esprit à un chercheur vraiment pénitent.* Une telle foi est l'acte de l'homme tout entier sous l'impact du Saint-Esprit et de la parole de l'Évangile. C'est une synthèse vivante de croyance, de confiance et d'obéissance. ''Car c'est en croyant du coeur [le moi réel] qu'on parvient à la justice, et c'est en confessant de la bouche qu'on parvient au salut'' (Rom. 10:10). Dans un moment d'abandon spontané à Dieu, je fais table rase non seulement de mes péchés mais aussi de moi-même. Je m'abandonne complètement entre les mains de la miséricorde de Dieu en Christ. ''Car c'est par la grâce que vous êtes sauvés, par le moyen de la foi. Et cela ne vient pas de vous, *c'est le don de Dieu*'' (Eph. 2:8).

5. *Conversion*

La Bible décrit ce changement de direction de l'âme, du péché au salut, par le terme *conversion*. Nous employons communément le mot, dans un sens plus large, pour désigner la première oeuvre de grâce, mais les Écritures limitent généralement la conversion à l'acte humain de se détourner du péché. Jésus a donc cité la prophétie d'Esaïe disant "qu'ils ne voient des yeux, qu'ils ne comprennent du coeur, qu'ils ne se convertissent, eť que je ne les guérisse" (Jean 12:40). Il a dit aussi: "Si vous ne vous convertissez et si vous ne devenez comme les petits enfants, vous n'entrerez pas dans le royaume des cieux" (Mat. 18:3). Pierre a exhorté ceux qui étaient rassemblés à Jérusalem, en ces termes: "Repentez-vous donc, et convertissez-vous, pour que vos péchés soient effacés" (Actes 3:19). Le Dr H. Orton Wiley a écrit: "L'homme se tourne vers Dieu, au moyen de la grâce prévenante, et il est alors régénéré. Ainsi, la conversion, dans son sens scripturaire le plus vrai, est le point cardinal où, par la grâce, l'âme se détourne du péché et se tourne vers Christ en vue de la régénération[5]."

C. LA NAISSANCE DE L'ESPRIT

La foi est le pont que le croyant pénitent traverse pour passer de la mort du péché à la vie de Dieu. Tout ce qui précède la foi — le réveil, la conviction, la repentance — est simplement un déblayage de la voie permettant à l'âme de mettre sa confiance en Christ. *La foi seule apporte le pardon et la nouvelle vie.* John Wesley dit: "A l'instant même où Dieu donne la foi (car elle *est* le don de Dieu) à 'l'impie' qui 'ne fait point d'oeuvre', cette 'foi lui est imputée à justice'[6]." "Étant donc justifiés par la foi, nous avons la paix avec Dieu par notre Seigneur Jésus-Christ" (Rom. 5:1).

1. *La justification et la régénération*

La citation précédente de John Wesley est un exposé de la justification. Etre justifiés, c'est être pardonnés de nos péchés et acceptés comme justes aux yeux de Dieu. La justification signifie le rétablissement d'une *vraie rela-*

tion avec Dieu. Que c'est merveilleux d'être pardonné! "Heureux ceux dont les iniquités sont pardonnés, et dont les péchés sont couverts! Heureux l'homme à qui le Seigneur n'impute pas son péché!" (Rom. 4:7-8). Mais dès l'instant où Dieu justifie, Il régénère. "La régénération, ou la nouvelle naissance, est cette oeuvre bienveillante de Dieu par laquelle la nature morale du croyant repentant est stimulée spirituellement, et elle reçoit une vie spirituelle distinctive, capable de foi, d'amour et d'obéissance[7]." La justification est ce que Dieu fait *pour* nous par Christ; la régénération est ce qu'Il fait *en* nous par le Saint-Esprit.

2. *La nouvelle naissance*

Jésus a dit: "Si un homme ne naît de nouveau, il ne peut voir le royaume de Dieu" (Jean 3:3). La nature originelle peut-elle être changée? Le Nouveau Testament n'admet aucun doute à ce sujet. Nous pouvons devenir des *personnes nouvelles* par la puissance de l'Esprit de Dieu! Vieux désirs, vieilles habitudes, vieilles manières de vivre — toutes ces choses-là s'évanouissent quand Dieu insuffle Son Esprit en nous. "Si quelqu'un est en Christ, il est une nouvelle créature. Les choses anciennes sont passées; voici, toutes choses sont devenues nouvelles" (2 Cor. 5:17). C'est un miracle surpassant, disons, la transformation de l'eau en vin. Le Dr Arthur Gossip nous raconte l'histoire d'un vieil Écossais qui a été merveilleusement changé par la grâce de Dieu. Il était si confondu par ce que Dieu avait accompli dans sa vie qu'il ne pouvait pas le garder pour lui-même. Un jour, quelques-uns de ses amis décidèrent de le jeter dans la confusion au sujet de la Bible. "Vous ne croyez assurément pas à l'histoire de Jésus changeant l'eau en vin, n'est-ce pas?" lui dirent-ils d'un ton moqueur. "Eh bien, je ne sais pas si je peux expliquer cela", répondit le vieil homme, "mais je sais une chose: chez moi Il a changé de la bière en meubles."

La régénération signifie qu'un *esprit nouveau* nous est accordé. "Mais l'homme naturel ne reçoit pas les choses de l'Esprit de Dieu, car elles sont une folie pour lui, et il ne peut les connaître, parce que c'est spirituellement qu'on en juge" (1 Cor. 2:14, *Segond révisée, 1978*). Il ne peut pas plus percevoir les choses de Dieu qu'un homme aveugle ne puisse jouir de la beauté des Alpes suisses ou qu'un homme sourd ne puisse être ravi par le *Messie* de Handel. Mais dès que l'homme naturel est né de l'Esprit, son esprit obscurci est illuminé par la lumière de Dieu. "Car Dieu, qui a dit: La lumière brillera du sein des ténèbres! a fait briller la lumière dans nos coeurs pour faire resplendir la connaissance de la gloire de Dieu sur la face de Christ" (2 Cor. 4:6). "Les choses de l'Esprit de Dieu" ne sont plus "une folie pour lui" — elles sont à présent aussi clair que le jour. "Nous avons la pensée de Christ."

La régénération, c'est le partage de *nouvelles affections*. Jeanne visitait son frère Jacques à l'université. "Jacques, disait-elle, avant de partir j'aimerais voir ta chambre au dortoir." "Oh! soeurette, protesta-t-il, tu ne veux pas vraiment voir ma chambre." Mais elle insista tant qu'il finit par accéder à son désir. Comme ils entraient dans la chambre, Jeanne comprit la réticence de son frère. Le moment de surprise passé, Jeanne dit simplement: "Jacques, je vois que tu aimes les gravures. Si je t'envoyais une gravure, l'accrocheriez-vous au mur?" Il acquiesça. Plusieurs jours après, un colis arriva en provenance de chez lui. Jacques l'ouvrit fiévreusement — il contenait une gravure de *Christ!* Comme il la tenait contre le mur, il sut que s'il l'y accrochait il lui faudrait enlever les autres gravures. C'est ce qu'il fit! Nous avons là un parabole de ce qui se passe quand Christ vient en nous. Les affections coupables et mondaines sont éliminées quand Christ entre dans le coeur. Thomas Chalmers a appelé cela "la puissance expulsive d'une nouvelle affection". "Les choses anciennes sont passées; voici toutes choses sont devenues nouvelles."

La régénération, c'est le partage d'une *nouvelle volonté*. L'essence du péché, c'est de faire plaisir au moi. "Nous étions tous errants comme des brebis, chacun suivait sa propre voie" (Esa. 53:6). Nous pouvons nous éloigner du droit chemin par des voies différentes, mais tout péché est essentiellement une expression d'égoïsme. Etre né de nouveau, c'est cesser de plaire au moi pour plaire à Dieu. La vie retrouve en Dieu son centre sous l'impact de Son amour. "Car l'amour de Dieu consiste à garder ses commandements. Et ses commandements ne sont pas pénibles" (1 Jean 5:3). "Car l'amour de Dieu nous presse, parce que nous estimons que, si un seul est mort pour tous, tous donc sont morts; et qu'il est mort pour tous, afin que ceux qui vivent ne vivent plus pour eux-mêmes, mais pour celui qui est mort et ressuscité pour eux" (2 Cor. 5:14-15).

La conversion est une chose extérieure; elle signifie un volte-face. Je fais face à une voie — loin de Dieu; je me retourne et fait face à la voie opposée — vers Dieu. Mais la nouvelle naissance est une chose intérieure; la régénération pénètre dans les profondeurs mêmes de ma personnalité. C'est une transformation radicale de l'homme intérieur, un partage de la nouvelle vie, une nouvelle création. La conversion varie de personne à personne; tout dépend de leur origines, de leur tempérament et d'autres facteurs. Certains sont convertis tranquillement, comme Lydie de Thyatire dont le coeur fut ouvert par Dieu (Ac. 16:14) comme la lumière du soleil ouvre le bouton de rose. D'autres sont convertis à la suite d'un cataclysme, comme le geôlier de Philippe. Mais la régénération produit le même résultat: une vie transformée à l'image de Dieu. "Si quelqu'un n'a pas l'Esprit de Christ, il ne lui appartient pas" (Rom. 8:9b).

3. La régénération et la sanctification

Parce que la régénération signifie une nouvelle création en Christ, elle peut être vraiment appelée le début de la sanctification. Le nouveau principe de vie, imparti par le *Saint*-Esprit, est le principe de sainteté. "L'amour de Dieu est répandu dans nos coeurs par le Saint-Esprit qui nous a été donné" (Rom. 5:5). Le Nouveau Testament appelle par conséquent *tous* les croyants des *saints*. Le "lavage de la régénération" (Tite 3:5, *Darby*) nous purifie de la pollution de la culpabilité acquise par une vie pécheresse. Écrivant à l'Église de Corinthe, Paul dit: "Ne savez-vous pas que les injustes n'hériteront pas le royaume de Dieu? Ne vous y trompez pas: ni les impudiques, ni les idolâtres, ni les adultères... n'hériteront le royaume de Dieu. Et c'est là ce que vous étiez, quelques-uns de vous. Mais vous avez été *lavés*, mais vous avez été *sanctifiés*, mais vous avez été *justifiés* au nom du Seigneur Jésus-Christ, et par l'Esprit de notre Dieu" (1 Cor. 6:9-11). Dans son sermon sur "Le péché des croyants", John Wesley a un commentaire lumineux sur ce passage:

> "Vous avez été lavés", dit l'apôtre, "vous avez été sanctifiés", c'est-à-dire purifiés de l'impudicité, de l'idolâtrie, de l'ivrognerie", et de tout autre péché *extérieur;* et pourtant, dans un autre sens du terme, ils étaient en même temps non sanctifiés; ils n'étaient pas lavés, ils n'étaient pas *intérieurement* purifiés de l'envie, des mauvaises présomptions, de la partialité[8].

L'Écriture, l'expérience chrétienne et les credos de l'Église sont d'accord pour admettre que le péché originel survit à la nouvelle naissance. Le *règne* du péché est brisé dans la régénération, mais les *séquelles* du péché sont encore présents, exigeant une purification plus profonde. "Je ne prie pas pour le monde", dit Jésus dans Sa prière sacerdotale, "mais pour ceux que tu m'as donnés... Ils ne sont pas du monde, comme je ne suis pas du monde. *Sanctifie*-les" (Jean 17:9, 16-17a). La sanctification, dans son sens le plus profond, est la purification du coeur de la racine du péché.

D. LE BAPTÊME DU SAINT-ESPRIT

Debout sur les berges de la rivière du Jourdain, Jean-Baptiste annonça aux multitudes de Jérusalem: "Moi, je vous baptise d'eau, pour vous amener à la repentance; mais celui qui vient après moi est plus puissant que moi, et je ne suis pas digne de porter ses souliers. Lui, il vous baptisera de Saint-Esprit et de feu. Il a son van à la main: il nettoiera son aire, et il amassera son blé dans le grenier, mais il brûlera la paille dans un feu qui ne s'éteint point" (Mat. 3:11-12). Cette glorieuse proclamation par Jean exprime la promesse clé de la nouvelle alliance — *la promesse de la purification du coeur.*

Les mots de Jean-Baptiste indiquent que le baptême du Saint-Esprit est une étape au-delà de la repentance et de l'ajustement moral de la nouvelle naissance. Tenter de lier ensemble l'oeuvre de l'Esprit dans la régénération avec celle de Son baptême comme étant une seule oeuvre est une supposition si tirée par les cheveux que nous n'avons pas besoin de la considérer. La naissance précède le baptême — et dans le domaine de la chair et dans celui de l'esprit. Chacun de ces deux actes est complet et distinct en lui-même. La naissance suggère le don de la vie; le baptême connote la purification. C'était à Ses disciples que Jésus appliqua la promesse de Jean. Quelques instants avant de monter vers le Père, le Sauveur donna cette assurance aux apôtres: "Jean a baptisé d'eau, mais vous, dans peu de jours, vous serez baptisés du Saint-Esprit" (Actes 1:5). Voilà qui met fin au débat — *le baptême de l'Esprit est pour les disciples de Christ.* Pas seulement pour les apôtres ou les 120, mais pour nous tous. "Car la promesse est pour vous, pour vos enfants, et pour tous ceux qui sont au loin, en aussi grand nombre que le Seigneur notre Dieu les appellera" (Actes 2:39).

1. *Etre baptisé du Saint-Esprit, c'est avoir un coeur purifié*

A la Pentecôte, les disciples de Christ ont été merveilleusement transformés de personnes craintives, hypersensibles et égoïstes, en témoins intrépides, unis et ressemblant à Christ. Nous trouvons les preuves indirectes de cette transformation dans les Évangiles et dans les Actes, mais nous n'avons pas que les preuves indirectes. Vingt ans après la Pentecôte, Simon Pierre est à la barre des témoins. Rappelant sa récente expérience chez Corneille, il déclara: "Et Dieu, qui connaît les coeurs, leur a rendu témoignage, en leur donnant le Saint-Esprit comme à nous; il n'a fait aucune différence entre nous et eux, *ayant purifié leur coeurs par la foi*" (Actes 15:8-9).

"Voilà un texte scripturaire des plus significatifs et d'une grande portée... Pierre, racontant l'incident survenu chez Corneille, fit un parallèle entre cet incident historique et le Jour de la Pentecôte. Il fit comprendre clairement, en d'autres termes, que Dieu n'avait fait aucune différence entre le Juif et le Gentil, faisant pour l'un la même chose qu'Il avait accompli pour l'autre. Le même témoignage qui s'est produit le Jour de la Pentecôte s'est produit aussi dans la maison de Corneille. Les mêmes résultats vitaux apparurent chez les nouveaux croyants gentils comme ils ont apparu chez ces Juifs, dans la Chambre Haute, le Jour de la Pentecôte. Et ainsi, Pierre... raconta exactement ce qui s'était passé le Jour de la Pentecôte. Qu'est-ce que c'était? '...purifiant leurs coeurs par la foi[9].''

Pierre ne fait aucune référence au phénomène passager de la Pentecôte. Pas un mot concernant le vent, le feu ou le don des langues. Aussi significatifs que ces symboles fussent, ils n'étaient que des manifestations passagères de l'heure. Le modèle permanent de la Pentecôte était et demeure la pureté du coeur par le baptême du Saint-Esprit.

2. *Etre baptisé du Saint-Esprit, c'est être revêtu de puissance*

"Mais vous recevrez une force quand le Saint-Esprit descendra sur vous. Vous serez alors mes témoins..." (Actes 1:8, *Bonnes Nouvelles Aujourd'hui*). Ces paroles font penser à la promesse de Jéhovah donnée par Ézéchiel: "Je mettrai mon esprit en vous, et *je ferai que vous* suiviez mes ordonnances" (Ézé. 36:27). Puissance pour le témoignage, puissance pour la vie — les deux sont réellement inséparables. La pleine bénédiction de la Pentecôte est le moyen sûr de devenir une bénédiction pour les autres. Jésus a dit: "Celui qui croit en moi, des fleuves d'eau vive couleront de son sein" (Jean 7:38). Il parlait ainsi du Saint-Esprit. Un coeur rempli du Saint-Esprit débordera du Saint-Esprit. Ce n'est pas votre puissance mais Sa puissance. "Ce n'est pas de la puissance abstraite sous votre contrôle, mais c'est une Personne dont la présence avec vous est nécessaire pour que vous possédiez et reteniez la puissance. *Il possède la puissance et vous Le possédez[10].*" Quand Il demeure en nous, la futilité et l'échec sont engloutis par Sa glorieuse plénitude.

3. *Etre baptisé du Saint-Esprit, c'est être scellés de l'image de Christ*

Christ est Lui-même le Modèle parfait de la Pentecôte. Il est ce que l'homme entend par le terme "Dieu" et ce que Dieu entend par le terme "homme". Il est la représentation du Dieu qui est et de l'homme à venir. Etre baptisé du Saint-Esprit, c'est avoir la sainteté et la santé d'esprit de Jésus — c'est être saturé de Son esprit.

Le mot traduit par "baptiser" a entre autres significations celui de *teindre* un tissu. C'était un terme communément employé. "Qu'implique l'action de teindre?" demande le Dr H.V. Miller. "Il signifie la saturation du tissu avec une nuance distincte de couleur jusqu'à ce que chaque particule de la chaîne et de la trame du tissu fût imprégnée de cette couleur... Et il en est ainsi. Le baptême du Saint-Esprit par Jésus dans la vie du croyant qui veut l'avoir ainsi c'est la saturation réelle de cette personnalité avec la présence divine jusqu'à ce que la vie dans son essence même se revête d'une empreinte divine[11]." Paul exprima cette transformation en ces mots: "Nous tous qui, le visage découvert, contemplons comme dans un miroir la gloire du Seigneur, nous sommes transformés en la même image, de gloire en gloire, comme par le Seigneur, l'Esprit" (2 Cor. 3:18). Le baptême du Saint-Esprit signifie la ressemblance avec Christ.

4. *Etre baptisé du Saint-Esprit, c'est être rempli de l'Esprit*

"Lorsque le jour de la Pentecôte arriva... ils furent tous remplis du Saint-Esprit" (Actes 2:1-4, *Segond révisée, 1978)*. Chaque croyant né de nouveau connaît le Saint-Esprit, mais il y a une précieuse plénitude connue seulement de ceux qui se sont abandonnés totalement à Lui. Une illustration peut nous aider ici. Supposons qu'un évangéliste vienne dans une Église pour conduire une campagne. Arrivant au presbytère, il est accueilli par le pasteur et quelques-uns des officiers de l'Église. Ils l'accompagnent à l'intérieur du presbytère et lui montre la chambre qu'il doit occuper. Le pasteur lui dit de faire comme s'il était chez lui. Il peut même consommer à loisir les provisions enfermées dans le réfrigérateur, s'il a faim vers minuit. Supposons ensuite que plusieurs années après, le pasteur de cette Église se rende dans un autre champ de travail. La congrégation fait alors appel à l'homme qui avait servi auparavant comme évangéliste. Arrivant au même presbytère, il est accueilli par les mêmes officiers de l'Église qui lui souhaitent la bienvenue, cette fois-ci non comme leur évangéliste, mais comme leur pasteur. Au lieu de lui montrer la chambre d'amis, ils lui tendent plusieurs clés — les clés de toutes les portes de la maison. Il est maintenant invité à faire du presbytère son foyer.

Etre né de l'Esprit est un grand miracle de la grâce. Mais combien il est glorieux de Lui tendre toutes les clés! La clé de chaque placard secret où sont cachés nos plus précieux trésors. La clé du grenier de nos imaginations. La clé du sous-sol de nos désirs. L'Esprit fait son entrée pour posséder la personnalité tout entière. Il peut réarranger les meubles de notre vie comme il lui plaît. Il est venu pour *demeurer* dans le tréfonds de l'âme humaine! Nous abandonner à Lui, de cette manière, c'est être *rempli* de l'Esprit.

Le Dr E. Stanley Jones rapporte sa propre expérience comme suit: ''J'étais un chrétien depuis un an ou plus, quand un jour je regardais à l'une des étagères d'une bibliothèque et fut frappé par le titre d'un livre: *The Christian's Secret of a Happy Life* (Le secret d'une vie heureuse). Comme je le lisais, mon coeur était enflammé du désir de trouver cette vie de liberté et de plénitude.

J'arrivais à la page quarante-deux quand la Voix Intérieure me dit très clairement: 'Maintenant est le moment de trouver.' Je plaidai, disant que je ne savais pas ce que je voulais, que lorsque j'aurais terminé la lecture du livre, je chercherais. Mais la Voix Intérieure était impérieuse: 'Maintenant est le moment de chercher.' J'essayai de poursuivre la lecture, mais les mots semblaient être brouillés. Je faisais face à une insistance divine; alors, je fermai le livre, m'agenouillai et demandai: 'Que dois-je faire?' La Voix répondit: 'Veux-tu me donner ton tout — ton tout même?' Après un moment d'hésitation, je répondis: 'Oui, Seigneur!' 'Alors prends mon tout, tu es purifié', me dit la Voix avec une fermeté à la fois étrange et attrayante. 'Je le crois', dis-je, et je me relevai. Je marchai autour de la salle, affirmant ma conviction à plusieurs reprises et secouant vigoureusement mes deux mains comme si je voulais secouer mon doute. Je fis cela pendant dix minutes, quand soudainement je fus rempli d'un étrange feu d'épuration qui semblait circuler à travers chaque partie de mon être en des vagues de purification. Tout était très tranquille et j'avais le contrôle de moi-même — et pourtant je pouvais ressentir les vagues divines, du plus profond de mon être au bout de mes ongles. Tout mon être était fondu en un seul élément, et il y avait à travers le tout un sens de sacré et de révérence — et la joie la plus exquise. Très émotionnel? Soit! Mais je sus alors, et je sais maintenant, que je n'étais pas simplement submergé par l'émotion, mais que les sources de ma vie étaient en train d'être purifiées et possédées par la Vie elle-même. Ma volonté était tout aussi de la partie que mes émotions. Le fait est que la vie tout entière était en permanence à un niveau plus élevé[12].''

Vous n'avez point besoin d'attendre plus longtemps. Notre besoin est actuel. La disposition de Dieu est actuelle. Nous pouvons l'avoir maintenant si nous Le cherchons de tout notre coeur.

> *Domine sur moi, Esprit de sainteté;*
> *Lave mon coeur et mon front tremblants;*
> *Remplis-moi de Ta présence sacrée.*
> *Viens, oh, viens et remplis-moi maintenant.*

QUESTIONS À DISCUTER

1. Pourquoi est-il important de comprendre que notre salut est l'oeuvre de Dieu?

2. Quel danger devons-nous éviter en attribuant notre salut personnel au Saint-Esprit?

3. Définissez la grâce prévenante et esquissez-en le processus.

4. A quelle étape la grâce prévenante devient de la grâce salutaire?

5. Décrivez la naissance de l'Esprit.

6. Discutez la relation entre (a) la justification et la régénération, (b) entre la conversion et la régénération, (c) entre la régénération et la sanctification.

7. Montrez par les Écritures ce qui est accompli par le baptême du Saint-Esprit.

CHAPITRE 6

LA DYNAMIQUE DE L'ESPRIT

Mais vous recevrez une puissance, le Saint-Esprit survenant sur vous, et vous serez mes témoins" (Actes 1:8).

Quand Dwight L. Moody[1] prêchait à Farewell Hall, Chicago (E.U.A.), deux humbles femmes, membres de l'Église Méthodiste Libre, assistaient régulièrement aux réunions. A la fin des réunions, ces femmes disaient à M. Moody: "Nous prions pour vous." Finalement, il devint quelque peu irrité et leur dit une nuit: "Pourquoi priez-vous pour moi? Pourquoi ne priez-vous pas pour les inconvertis?" Elles répondirent: "Nous prions afin que vous puissiez recevoir la puissance." Moody ne comprit pas, mais les paroles de ces deux femmes le plongèrent dans une réflexion. Il retourna vers ces dames et dit: "J'aimerais que vous me disiez ce que signifie vos paroles." Alors elles "lui exposèrent plus exactement la voie de Dieu". A la requête de Moody, ces deux femmes et quelques autres commencèrent à se réunir chaque vendredi après-midi, à quatre heures, pour prier afin que leur pasteur reçoive le baptême du Saint-Esprit. "Oh, combien j'ai prié piteusement afin que Dieu pût remplir ce vase vide!" confessa Moody lui-même dans son récit, "j'étais à New York, et tandis que je me rendais à la Banque de Wall Street, il m'a semblé sentir une étrange et forte puissance venir sur moi. Je me rendis à mon hôtel, et là-haut, dans ma chambre, je pleurai devant Dieu et je m'écriai: 'O, mon Dieu, cela suffit!' Il me donna une telle plénitude qu'elle semblait être plus que je pusse contenir." Cette expérience marque le début du grand succès de M. Moody comme un gagneur d'âmes.

Aux disciples attristés réunis dans la Chambre Haute, Jésus a dit: "Il est avantageux pour vous que je m'en aille! Car si je ne m'en vais pas, le Consolateur ne viendra point à vous; mais, si je m'en vais, je vous l'enverrai. Et quand il sera venu, il convaincra le monde de péché, de justice et de jugement" (Jean 16:7-8, *Synodale*). Quand l'Esprit descend sur l'Église dans Sa plénitude, comme à la Pentecôte, le monde est convaincu de son besoin. La venue de l'Esprit à la Pentecôte a marqué plus que la pleine sanctification des disciples individuels — c'était l'introduction du jour J de Dieu pour la rédemption du monde. La Pentecôte a introduit une nouvelle phase du ministère rédempteur de Christ. Considérez les deux passages suivants du quatrième Évangile.

> *Sanctifie-les*... COMME TU M'AS ENVOYÉ DANS LE MONDE, JE LES AI AUSSI ENVOYÉS DANS LE MONDE. *Et je me sanctifie moi-même pour eux, afin qu'eux aussi soient sanctifiés par la vérité*... *pour que le monde croie que tu m'as envoyé*... *afin que l'amour dont tu m'as aimé soit en eux, et que je sois en eux* (Jean 17:17-19, 21, 26).
>
> *Jésus leur dit de nouveau: La paix soit avec vous!* COMME LE PERE M'A ENVOYÉ, MOI AUSSI JE VOUS ENVOIE. *Après ces paroles, il souffla sur eux, et leur dit: Recevez le Saint-Esprit* (Jean 20:21-22).

Le thème est le même tant dans la prière que dans la promesse. La sanctification des disciples et leur réception de l'Esprit sont étroitement liées à la continuation par l'Église du ministère de Christ dans le monde. Il existe une identité de mission entre Christ et Son Église sanctifiée et baptisée de l'Esprit. Ses disciples doivent continuer l'oeuvre qu'Il est venu inaugurer de la part du Père. *"Comme le Père m'a envoyé, moi aussi je vous envoie... Recevez le Saint-Esprit!"* Luc, comprenant cela parfaitement, préface le Livre des Actes avec une référence à son Évangile, en ces termes: "Théophile, j'ai parlé, dans mon premier livre, de tout ce que Jésus *a commencé* de faire et d'enseigner" (Actes 1:1). Nous ne pouvons qu'inférer que Jésus doit *continuer* Son ministère au moyen de Son nouveau corps, l'Église de la Pentecôte.

Le Saint-Esprit purifie et remplit l'Église, non comme un réservoir, mais comme un canal. La sanctification n'est pas une fin en elle-même; elle est un moyen en vue d'une fin plus glorieuse. "Le christianisme qui ne commence pas avec l'individu, ne commence pas du tout; le christianisme qui prend fin avec l'individu — *prend fin tout bonnement!*" Christ nous baptise de Son Esprit afin que chacun de nous puisse devenir "un vase d'honneur, sanctifié, utile à son maître, propre à toute bonne oeuvre" (2 Tim. 2:21). Il ne nous sanctifie pas pour que nous jouissions d'une bonté négative et statique; Il nous purifie afin que nous puissions devenir des instruments de bénédiction. Dans son livre, *My Lady of the Chimney Corner* (Ma dame du coin de la cheminée), Alexandre Irvine raconte l'histoire de sa mère Anna, une paysanne irlandaise. Un jour, elle s'était rendue chez une voisine pour la réconforter. "Demande-Lui de poser Sa main sur ta tête fatiguée, comme un signe qu'Il est avec toi dans ta détresse", conseilla Anna tranquillement. La prière fut exaucée. La voisine dit qu'elle reçut le réconfort de Dieu, qu'elle sentit une main, "et la main était tout comme la tienne, Anna", dit-elle. Anna répondit: "Oui, la main était la mienne, mais elle était aussi celle de Dieu. Parfois, ajouta-t-elle, Dieu prend la main d'un évêque, la main d'un docteur, la main d'une mère — et parfois Il prend la main d'une vieille créature comme moi". *Dieu nous purifie de notre égoïsme, afin que Son amour puisse nous inciter à la compassion.* Christ s'est offert Lui-même au Calvaire pour nous — afin que nous puissions trouver notre propre croix et nous donner sans mesure pour le salut du monde. Tout comme il y a une consécration *humaine* qui précède l'oeuvre de l'entière sanctification, il y a de même une consécration *divine* qui la suit.

D'un certain point de vue, l'expiation est une oeuvre finie; le Sauveur a souffert une fois pour toutes, pour éliminer le péché par le sacrifice de Lui-même. Mais, d'un autre côté, l'expiation est un processus continu de réconciliation mis en oeuvre par le Saint-Esprit dans l'Église. Quoi d'autre peut signifier le passage suivant? "Et tout cela vient de Dieu, qui nous a réconciliés avec lui par Christ, et qui nous a donné le ministère de la réconciliation. Car Dieu était en Christ, réconciliant le monde avec lui-même, en n'imputant point aux hommes leurs offenses, et il a mis en nous la parole de la réconciliation. Nous faisons donc fonction d'ambassadeurs pour Christ, comme si Dieu exhortait par nous; nous vous en supplions au nom de Christ: Soyez réconciliés avec Dieu!" (2 Cor. 5:18-20). L'amour de Dieu, manifesté d'abord en Christ et en Sa croix, était maintenant incarné en Paul. La prière de Jésus: "Afin que l'amour dont tu m'as aimé soit en eux, et que je sois en eux", a été exaucée. Avec une complète candeur et une vraie humilité, l'apôtre pouvait dire: "J'ai été crucifié avec Christ; et si je vis, ce n'est plus moi qui vis, c'est *Christ qui vit en moi*" (Gal. 2:20). Paul a trouvé, en Christ, une identité non seulement de vie mais aussi de mission. Et cela, au point qu'il pouvait écrire: "Moi Paul... je me réjouis maintenant dans mes souffrances pour vous; et ce qui manque aux souffrances de Christ, je l'achève en ma chair" (Col. 1:23-24). *L'expiation se poursuivait à travers les souffrances de cet homme en qui Christ demeurait.* Si nous devons remplir notre ministère de réconciliation, nous devons ajouter à la passion de Christ la compassion de nos propres coeurs. Cela n'est possible que par l'action purificatrice de la Pentecôte.

Le baptême du Saint-Esprit est donc le moyen employé par Dieu pour purifier l'Église et la rendre capable de poursuivre le ministère commencé par le Fils. "Mais vous recevrez une puissance, le Saint-Esprit survenant sur vous, et vous serez mes témoins à Jérusalem, dans toute la Judée, dans la Samarie, et jusqu'aux extrémités de la terre" (Actes 1:8). Comment puis-je prétendre connaître la plénitude de l'Esprit si je suis égoïste et sans passion? Seul le coeur passionné *est* pur.

A. LA CAPACITÉ QUE DONNE L'ESPRIT

Le baptême de l'Esprit ne fera pas de tous les chrétiens des évangélistes. Je peux être aussi rempli du Saint-Esprit que Moody ou même Paul, mais cela ne fera pas de moi un Moody ou un Paul! Mais le baptême de l'Esprit fera de chacun un témoin influent pour Christ, dans le champ où Dieu l'a appelé pour vivre et travailler. Le Saint-Esprit oindrait les parents avec le pouvoir de donner un pieux exemple à leurs enfants et de les entraîner pour le service de Dieu. Il oindrait le moniteur de l'école du dimanche avec un coeur rempli de compassion et la puissance de conduire la classe à Christ. Il rendrait le surintendant de l'école du dimanche capable d'être un assistant valable du pasteur et un homme de Dieu puissant dans la surveillance de ce bras de l'Église qui s'efforce d'atteindre un monde perdu. Il rendrait le président de la jeunesse capable de faire de la jeunesse une force spirituelle dans l'Église locale. Il remplirait d'onction le président de la société missionnaire pour inspirer une vision et une passion pour les perdus de la terre vivant de loin ou de près. Il oindrait les membres du conseil officiel de l'Église pour qu'ils prennent leurs responsabilités sérieusement comme devant Dieu, afin que le pasteur soit libre, autant que possible, de s'adonner au ministère de la Parole et à la prière. Le pasteur, baptisé de l'Esprit, prêcherait avec onction et puissance, et prendrait soin du troupeau de Dieu avec un vrai coeur de berger. La congrégation tout entière deviendrait une force de témoignage dans la communauté.

Quand le pasteur Beecher père dirigeait l'Église de Park Street, à Boston, quelqu'un lui demanda le secret de son succès. Sa réponse fut: "Je prêche le dimanche, mais j'ai 450 membres qui prennent mon message le lundi et le prêchent partout où ils vont." Nous lisons à propos des membres de l'Église Primitive qu'"ils furent tous remplis du Saint-Esprit" et que "ceux qui avaient été dispersés allaient de lieu en lieu, annonçant la bonne nouvelle de la parole". L'Église universelle, baptisée de l'Esprit, serait irrésistible dans son influence et "terrible comme une armée avec des bannières".

1. *La puissance du caractère saint*

La puissance du Saint-Esprit, fondamentalement, n'est pas de *faire* mais d'*être*. Les plus grands sermons sont ceux qui sont prêchés inconsciemment. François d'Assise invita l'un de ses jeunes moines à aller prêcher avec lui à la ville. Après s'être occupé de quelques affaires, les deux hommes prirent le chemin du retour. Le jeune moine se tourna vers François et dit: "Je pensais que nous allions à la ville pour *prêcher*." "*C'est ce que nous avions fait*", fut la réponse inoubliable du saint homme.

Un membre fidèle de l'Église mourut dans la paix du Seigneur — paisiblement, comme il avait vécu. Il était un membre du conseil de l'Église, mais était modeste et réservé. Il enseignait une classe d'hommes qui l'aimaient comme un frère et un père. Sa maison était ouverte aux jeunes de l'Église, et fréquemment les jeunes hommes d'une base militaire des environs passaient une nuit "chez eux, loin de chez eux" avec cette excellente famille chrétienne. Bien que n'étant pas un homme "proéminent" dans sa ville, son départ était profondément ressenti. Des centaines de personnes se massèrent chez lui et au parloir funèbre. Plusieurs fils et un gendre furent portés à abandonner leurs vies à Christ avant le service des funérailles. L'Église fut rempli complètement pour ce service. *Un homme de Dieu est mort.* Qui peut estimer la puissance d'une telle vie? Les sceptiques peuvent répondre à beaucoup de nos arguments; ils ne peuvent pas répondre à une vie sainte. La *sainteté* demeure la première oeuvre du *Saint*-Esprit.

2. *La puissance de l'amour*

"L'amour de Dieu est répandu dans nos coeurs par le Saint-Esprit qui nous a été donné" (Rom. 5:5). Le commissaire Samuel Brengle de l'Armée du Salut nous raconte comment "le 9 janvier 1885, vers 9 heures du matin, Dieu sanctifia mon âme... Un ciel d'amour était entré dans mon coeur. Je me rendis avant le déjeuner dans un parc voisin, pleurant de joie et louant Dieu. Oh! combien j'aimais! A cette heure-là, je connus Jésus et ressentis pour Lui un tel amour qu'il me sembla que mon coeur allait en être brisé. J'aimais les moineaux, j'aimais les chiens, j'aimais les cheveaux, j'aimais les gamins des rues, j'aimais les étrangers qui me coudoyaient, j'aimais les païens — j'aimais le monde entier[2]." Une telle extase fit place peu après, bien sûr, à "un amour calme et paisible", mais l'élément central de la sainteté accordée par le Saint-Esprit c'est l'amour *saint*. Un tel amour est irrésistible et irrépressible — c'est la puissance motrice derrière toute oeuvre efficace pour Christ. Sans cet amour, tous nos dons ne sont que "de l'airain qui résonne et de la cymbale qui retentit". Mais l'homme revêtu de cet amour devient souvent, même avec très peu de talent, une merveille de puissance.

"J'avais dans mon Église à Philadelphie", dit le Dr Chapman, "un homme ignorant qui écorchait complètement la langue anglaise. Quand il se levait pour parler et que vous l'entendiez pour la première fois, vous seriez étonné et espéreriez qu'il ne ferait pas un long discours. Mais bientôt, vous commenceriez par vous poser des questions sur la merveilleuse puissance de ses paroles. Je vais vous en donner le secret. J'ai une fois convoqué trente des ouvriers de mon Église, les invitant à prier pour le baptême de puissance, en vue d'une tâche spéciale. Cet homme se leva et sortit de la chambre. Je le trouvai peu après, seul dans une petite chambre de l'église, plaidant en prière: 'O Seigneur, ôte tout péché de mon coeur. Enseigne-moi ce qui, en moi, empêche Ta venue, J'abandonnerai tout. Viens, ô Saint-Esprit, viens et prends possession de moi, et aide-moi à gagner des hommes.' Il se releva, me regarda en face et me dit: 'Pasteur, j'ai reçu le Saint-Esprit'[3]." Dans l'espace de trois ans, il conduisit plus d'une centaine de personnes à Christ.

3. *La puissance d'une personne*

Cet homme humble dont parle le Dr Chapman était en fait plus sage que son pasteur. C'est une erreur que de chercher la puissance comme telle. La puissance est le dérivé de la pureté et de la présence permanente de l'Esprit en nous. "Il possède la puissance et vous Le possédez." Ou mieux encore: *Il vous possède.* "Quand nous savons que nous avons en nous la présence permanente de Dieu, nous devenons immédiatement participants de Son omnipotence[4]."

Le Dr J. Wilbur Chapman, lui-même, entra dans une

nouvelle relation avec Dieu, tandis qu'il était encore à Philadelphie. Au cours d'une conférence dans la ville de Northfield, dans le Massachusetts (E.U.A.), il fut invité par le Dr Frederick B. Meyer à prendre la parole. A la grande surprise du Dr Meyer, Chapman dit:

> "Quelques années de cela, alors que j'étais le pasteur de l'Église Wanamaker, à Philadelphie, je me trouvais en train de plier sous le poids du travail. Je m'étais entièrement consacré à la tâche, sans trop grand résultat pourtant, et un lundi matin, complètement découragé, j'écrivis ma démission aux officiers de l'Église. Alors que l'encre séchait encore sur le papier, on m'apporta la 'Tribune', le journal du matin. Je l'ouvris, et sur la page intérieure je lis le compte-rendu d'un sermon délivré par le Dr Meyer à Northfield, le jour précédent. L'idée dominante du sermon était la suivante: 'Beaucoup de pasteurs et d'ouvriers chrétiens s'épuisent en travaillant pour Dieu au lieu de s'abandonner à Dieu afin qu'Il puisse agir par eux'... Je fus convaincu immédiatement et je déchirai ma lettre de démission, et je priai: 'Seigneur, pardonne-moi de T'avoir oublié. Fais couler en moi les fleuves de Ta puissance.'[5]"

Cet incident fut le tournant dans le ministère du grand évangéliste. L'entrée soudaine du Saint-Esprit élève la vie hors des platitudes et la transporte jusque dans la puissante et vaste plénitude de Dieu. "Vous recevrez une puissance, le Saint-Esprit survenant sur vous." Quand Il vient pour demeurer en nous, nous sommes rendus capables de travailler et de témoigner, de vivre et de servir — *"non pas tant bien que mal, mais triomphalement!"*

Paul parle du "secours de l'Esprit de Jésus-Christ qui me sera fourni" (Phil. 1:19, *Jérusalem*). C'était comme si nous étions branchés sur le Dynamo de l'univers. La puissance du Saint-Esprit n'est pas emmagasinée dans nos petites batteries — elle afflue en nous et à travers nous, tant que nous maintenons un contact constant avec

Dieu. Afin de retenir la dynamique de l'Esprit nous devons continuer de satisfaire aux conditions d'*obéissance* et de *confiance*. Nous ne pouvons avoir Sa puissance qu'en rapport avec Sa volonté. Le train électrique ne peut tirer de la puissance du fil conducteur que dans la mesure où il suit la voie ferroviaire. Il peut avoir la puissance de courir le long des rails, mais il ne peut pas l'utiliser pour courir à travers les fermes avoisinantes et suivre la volonté capricieuse de l'ingénieur. Le Saint-Esprit est donné à ceux qui Lui obéissent (Actes 5:32). Cette obéissance est beaucoup plus importante que nous ne l'imaginions parfois. "Elle ne consiste pas simplement à se garder de faire le mal dans une petite sphère réduite, mais de comprendre et de suivre toute la volonté et tout l'objectif de Dieu dans l'usage de ce don divin. Nous ne pouvons pas l'avoir pour notre plaisir personnel, même dans le mode de notre travail chrétien. *Nous ne pouvons jouir de la plénitude de l'Esprit que dans la mesure où nous utilisons cette plénitude pour l'oeuvre à laquelle Il nous a appelés*[6]."

Et quelle est l'oeuvre à laquelle Dieu a appelé l'Église? "Vous serez mes témoins à Jérusalem, dans toute la Judée, dans la Samarie, et jusqu'aux extrémités de la terre." Nous ne pouvons connaître la plénitude de la puissance de l'Ésprit que dans la mesure où nous l'utilisons pour donner l'Évangile au monde entier. "Ce n'est qu'au niveau de l'évangélisation du monde et de l'accomplissement de la grande tâche qui nous est confiée que l'Église de Dieu peut jamais se pénétrer du sens le plus profond de la promesse de la Pentecôte[7]."

> *Conduis-nous, O Roi Eternel,*
> *Le jour du combat est venu.*
> *Désormais dans les champs de conquête,*
> *Sous Tes tentes nous habiterons.*

A travers les jours de préparation,
Ta grâce nous a rendus forts.
Et maintenant, O Roi Eternel,
Nous poussons notre cri de bataille.
                              —Ernest W. Shurtleff

B. COMMENT Y ENTRER

Quand nous étudions les expériences profondes des chrétiens de renom, nous sommes impressionnés par la belle variété des relations de Dieu avec les hommes. On ne peut certainement trouver aucun modèle uniforme, bien que certains principes sous-jacents soient évidents dans chaque cas où le Saint-Esprit est venu dans Sa plénitude sanctifiante. Mais il n'y a pas de formule rapide et facile pour la puissance de Dieu; *Dieu ne peut pas être manipulé par une technique psychologique.*

Néanmoins, certaines conditions doivent exister avant que nous ne puissions entrer dans la précieuse expérience du plein salut. Les suggestions qui suivent dans ce chapitre ne doivent pas être comprises nécessairement comme étant les barreaux d'une échelle, ou même dans chaque cas comme des étapes conscientes que franchit celui qui cherche à être rempli de l'Esprit. Elles doivent plutôt être considérées comme des *conditions sous-jacentes qui doivent prévaloir* avant que nous ne connaissions le Saint-Esprit dans Sa puissance sanctifiante.

1. *Je dois être dans un état d'acceptation consciente avec Dieu avant d'être rempli de l'Esprit*

Dans Ses instructions à Ses disciples, Jésus déclara sans ambages que Son don du Consolateur n'était pas pour le monde mais pour l'Église. ''Si vous m'aimez, vous garderez mes commandements. Et je prierai le Père, qui vous donnera un autre Consolateur, afin qu'il soit éternellement avec vous, l'Esprit de vérité, *que le monde ne peut recevoir,* parce qu'il ne le voit pas et ne le connaît pas; mais vous, vous le connaissez, parce qu'il demeure avec vous, et il sera en vous" (Jean 14:15-17, *Synodale).* Nous avons ici la promesse d'un don de l'Esprit à ceux qui ont déjà fait Sa connaissance.

Les croyants savent que le Saint-Esprit est avec eux. Il les dérange par des éclairs de vision, en les touchant çà et là. Mais tout cela a trait à l'Esprit "avec" nous et non "en" nous. "Il nous aiguillonne au lieu de nous guider; il nous illumine au lieu de nous fortifier; Il nous pousse à l'activité au lieu de pénétrer toutes nos activités — Il agit du dehors vers le dedans, au lieu du dedans vers le dehors." La Pentecôte c'est le Saint-Esprit habitant *en nous* comme la Source de notre vie même. Mais Il doit être "avec" nous avant d'être "en" nous.

Cette expérience plus profonde de l'Esprit, dont nous parlons, est réservée à ceux qui ont fait Sa connaissance au moyen de la nouvelle naissance. *Ceux qui recherchent "la plénitude de la bénédiction" sont parfois désillusionnés dans la suite, parce que ce qu'ils ont trouvé n'étaient pas le Saint-Esprit dans Sa puissance sanctifiante, comme ils le supposaient, mais simplement un rétablissement de leur communion avec Dieu.* Seuls ceux qui savent qu'ils sont pleinement pardonnés et qui sont dans une position claire de régénération sont en mesure d'être baptisés de l'Esprit. Beaucoup de chrétiens vivent à un niveau plus bas que le point où la sanctification commence. La plénitude de l'Esprit est pour ceux qui marchent joyeusement dans la lumière!

2. *Seuls ceux qui ont une intense soif spirituelle sont remplis de l'Esprit*

"Le dernier jour, le grand jour de la fête, Jésus, se

tenant debout, s'écria: Si quelqu'un a soif, qu'il vienne à moi, et qu'il boive. Celui qui croit en moi, des fleuves d'eau vive couleront de son sein, comme dit l'Écriture. Il dit cela de l'Esprit que devaient recevoir ceux qui croiraient en lui; car l'Esprit n'était pas encore donné, parce que Jésus n'avait pas encore été glorifié" (Jean 7:37-39). La prophétie suivante d'Esaïe nous vient à l'esprit: "Car je vais verser de l'eau sur le pays qui meurt de *soif*, et faire couler des ruisseaux sur la terre desséchée. Je vais répandre mon Esprit sur tes enfants et ma bénédiction sur tes descendants" (Esaïe 44:3, *La Bible en français courant*).

Jésus a dit, dans le même esprit: "Heureux ceux qui ont faim et soif de la justice, car ils seront rassasiés" (Mat. 5:6). Oui, l'Esprit est répandu "sur celui qui a *soif*". "Oh, combien j'ai prié piteusement", témoigna l'évangéliste Dwight Moody, "afin que Dieu pût remplir ce vase vide!" Quand un homme a vraiment soif, chaque pore de son corps semble crier: "De l'eau! De l'eau! De l'eau!" Quand un homme a spirituellement soif, tout son être crie: "Comme une biche soupire après des courants d'eau, ainsi mon âme soupire après toi, ô Dieu! Mon âme a soif de Dieu, du Dieu vivant" (Psa. 42:2-3). *Viens, Saint-Esprit, viens!* Rien de moindre qu'un désir du plus haut intérêt ne peut amener l'Esprit. Le Dr Reuben A. Torrey (1856-1928), évangéliste américain, devait prêcher à Northfield, à l'une des conférences de M. Moody. Le sujet de son message pour ce dimanche matin était "Le baptême du Saint-Esprit: comment le recevoir". Tôt ce matin, un pasteur qui était venu en droite ligne de New Jersey, pour être baptisé de l'Esprit, vint voir M. Torrey en personne. Il s'exclama: *"J'aimerais mieux mourir que de retourner dans mon Église sans ce baptême."* M. Torrey répondit: "Mon frère, vous allez le recevoir." Le lundi matin suivant, avant de retourner dans le New

Jersey, il rendit une dernière visite à M. Torrey, et lui dit: "Je veux vous dire que j'ai reçu le baptême du Saint-Esprit[8]."

3. *Je dois m'abandonner entièrement à la volonté de Dieu*

Cet abandon a été qualifié de consécration et de mort au moi. Mais, quelle que soit notre terminologie, nous devons parvenir à la crise de l'abandon de soi à la volonté de Dieu. La crise ne vient qu'après que nous sommes devenus péniblement conscients de notre profond égocentrisme et ambivalence. La crise de la nouvelle naissance libère de l'infection des péchés et marque l'introduction d'une nouvelle vie. La régénération est une glorieuse libération, mais elle n'est pas une libération complète. Les péchés qui infectaient notre existence ne sont plus, mais les racines de la maladie sont encore présentes. La nouvelle vie est introduite, mais elle ne règne pas complètement. La vieille vie est soumise, mais elle n'est pas éliminée. Le chrétien qui prend au sérieux l'appel de la sainteté ne peut pas être satisfait de cette condition ambivalente. Il a faim et soif de justice. Il doit amener la question à un point de *crise*, par un abandon de lui-même à Dieu. La consécration atteint un niveau plus profond que l'abandon initial à Christ pour le pardon. Sa motivation est une conviction plus approfondie de la nature pénétrante du moi obstiné. C'est la reconnaissance franche et contrite de notre mesquinerie, de notre ambition, de notre orgueil et de notre égoïsme, et une consécration consciente et volontaire du moi par amour pour Dieu.

Une telle consécration n'est pas simplement une prière générale, mais une supplication du coeur qui ne sera pas réduite au silence jusqu'à ce que le moi intérieur puisse répondre de tout coeur au plus faible chuchotement de Dieu. Le Dr E. Stanley Jones a dit:

> L'amour entre deux personnes n'existe que par abandon mutuel. Si l'une d'elles retient le moi le plus intime, l'amour est bloqué. Il en est de même ici.

Il ajouta:

> Payez alors le prix d'un abandon total. Je veux dire abandon et non consécration. Dans la consécration vous avez encore vos mains sur l'offrande, tandis que dans l'abandon vous laissez aller. Le don ne vous appartient plus — il appartient totalement et complètement à un Autre. Vous menez maintenant une vie conduite par l'Esprit, au lieu d'une vie conduite par le moi. Vous substituez Une Volonté à deux volontés. Vous vous dites: "Lâchez tout et laissez Dieu agir."
>
> Vous vous mettez à la disposition du divin. Vous vous abandonnez pour le meilleur ou pour le pire, pour la richesse ou pour la pauvreté, dans la maladie ou dans la santé, dans la vie et dans la mort — vous vous garderez seulement pour Lui. *Il vous possède*[9].

Cet abandon est à la fois implicite et explicite. Il comporte l'abandon de l'être tout entier et de chaque idole du coeur, quelque petite qu'elle soit. Le pieux Fénelon (1651-1715) disait dans un style incisif: "'Ce n'est rien', disons-nous. Pourtant, ce rien-là est tout pour vous, un rien qui vous importe tant que vous le refusez à Dieu; un rien que vous dédaignez en paroles afin que vous puissiez avoir une excuse de le refuser, mais en dernier lieu c'est un rien que vous refusez à Dieu, et qui causera votre perte[10]." La consécration en vue de l'obtention de la sainteté a donc été appelée la mort du moi. "Je mourus, et je mourus de mauvaise grâce, mais je ne mourus à rien d'autre qu'à ce qui a causé ma mort", témoigna Rufus Moseley. Cette mort est l'entrée dans la vie remplie de l'Esprit.

Reuben "Bud" Robinson[11] entendit le Dr William B. Godbey prêcher la sainteté à Alvarado, Texas (E.U.A.).

"Après avoir écouté un moment", raconta Bud, "je dis: 'C'est la meilleure religion dont j'ai jamais entendu un homme prêcher, mais un homme ne pouvait l'avoir.'" Durant les quatre années suivantes, il rechercha constamment la plénitude de l'Esprit. En 1889, Bud commença à prêcher l'Évangile. Il chercha et prêcha l'entière sanctification, et, un dimanche matin de l'été de 1890, il choisit comme texte de son sermon: "Que le Dieu de paix vous sanctifie lui-même tout entiers" (1 Thess. 5:23).

"Je prêchai du mieux que je pus sur la sainteté en tant que la seconde oeuvre de grâce définitive, et je fis savoir à mes auditeurs que je ne la possédais pas, mais que je la désirais et que j'allais l'avoir à tout prix."

Cette nuit-là, au cours d'une autre réunion une dizaine de kilomètres plus loin, il prêcha sur le texte: "Recherchez la paix avec tous, et la sanctification, sans laquelle personne ne verra le Seigneur" (Héb. 12:14). Après avoir terminé son message, il déclara: "Nous allons avoir au moins un chercheur de cette expérience, et ce sera moi!" Joignant le geste à la parole, il s'agenouilla à l'autel et commença à rechercher la sainteté du coeur. Cette nuit-là, F. M. McNary, un pasteur de l'Église Presbytérienne, s'agenouilla aussi à côté de Bud Robinson, et ensemble ils recherchèrent la plénitude.

Le jour suivant Bud Robinson retourna à sa petite ferme où il éclaircissait ses plants de maïs. Frappé, finalement, d'une profonde conviction pour l'expérience, il tomba sur ses genoux entre deux rangées de maïs. Dès ce moment-là, il se mit à consacrer réellement tout son être à Dieu.

"A la fin, Dieu commença à allumer le feu dans mon coeur. La colère monta en moi, et Dieu l'élimina; et l'orgueil monta en moi, et Dieu l'élimina; et l'envie monta en moi, et Dieu l'élimina, jusqu'au point où il me sembla que mon coeur était complètement vide. Je dis: 'Seigneur, il ne va donc rien rester en moi.' Dieu sembla me dire: 'Il y aura quelque chose de reste en toi, mais ce ne sera pas beaucoup; mais le peu qui y restera sera pur.'

"Quand mon coeur était vide, une rivière de paix déchira les nuages. Elle coula dans mon coeur vide, au point que quelques instants après mon coeur en était rempli et débordait; et le poids du ciel devint si intense, si impressionnant et si glorieux qu'il me semblait que je mourrais si Dieu ne retirait Sa main[12]."

4. *Je dois recevoir le Saint-Esprit par la foi*

La foi est la main du coeur qui reçoit le don promis de l'Esprit. Quand notre abandon est complet, la foi est ordinairement spontanée; mais l'entière sanctification est plus qu'une consécration. La consécration est l'acte humain; la sanctification est la réponse divine — et la foi est le lien entre les deux. "Afin que les païens lui soient une offrande agréable, étant sanctifiés par l'Esprit-Saint" (Rom. 15:16*b*).

Jésus a dit: "Si donc, méchants comme vous l'êtes, vous savez donner de bonnes choses à vos enfants, à combien plus forte raison le Père céleste donnera-t-il le Saint-Esprit à ceux qui le lui demandent" (Luc 11:13). Une dame chrétienne très respectable s'était rendue à l'autel à plusieurs reprises pour être sanctifiée, mais ne semblait pas pouvour parvenir à une expérience satisfaisante. Des gens bien intentionnés la conseillait en lui demandant, par exemple: "N'êtes-vous pas à l'autel de tout votre être?" "Oui", répondait-elle invariablement — mais elle n'arrivait tout de même pas à entrer dans la réalité de l'expérience. Alors, son pasteur parvint à la guider à exercer la foi qui s'empare de la promesse. Son coeur répondit à l'appel, *et l'Esprit vint!* Sa vie fut transformée par un nouveau rayonnement. Elle devint immédiatement une nouvelle force spirituelle dans l'Église. Pour recevoir l'Esprit, nous devons exercer une foi enfantine qui s'approprie le don.

"Mais quelle est la foi spéciale, par le moyen de laquelle nous sommes sanctifiés, délivrés du péché et perfectionnés dans l'amour?" se demande John Wesley, dans son sermon intitulé *Le chemin du salut d'après la Bible*. Il répond ainsi à la question: "C'est une démonstration et une conviction divines des vérités suivantes. *Premièrement*, que Dieu l'a promise dans Sa sainte parole." Comme il est dit dans l'épître aux Hébreux: "Car il faut que celui qui s'approche de Dieu croie que Dieu existe, et qu'il est le rémunérateur de ceux qui le cherchent" (Héb. 11:6). Wesley poursuit sa réponse en ces termes: "C'est, *en deuxième lieu*, la démonstration et la conviction divines de cette vérité que le Seigneur peut faire ce qu'Il a promis... C'est, *en troisième lieu*, la démonstration et la conviction divines de cette vérité qu'Il peut et veut le faire *maintenant*. Et pourquoi pas maintenant? Un moment n'est-il pas pour Lui comme mille ans? Il ne Lui faut pas plus de temps que cela pour accomplir ce qu'Il veut accomplir. Il n'a pas non plus besoin d'attendre que les personnes qu'Il veut bénir soient plus *dignes* de Sa bénédiction ou mieux *préparées*... A cette persuasion, que Dieu peut et veut nous sanctifier maintenant, il faut ajouter une chose de plus, savoir *une certitude et une conviction divines que Dieu le fait*... Si, au contraire, c'est par la foi, alors vous pouvez l'attendre [cette grâce] *tel que vous êtes* et par conséquent l'attendre maintenant... Attendez-la par la foi; attendez-la *tel que vous êtes*. Attendez-la *maintenant*[13]."

Dans l'Évangile de Marc nous trouvons cette étonnante déclaration de Jésus: "C'est pourquoi je vous dis: Tout ce que vous demandez en priant, *croyez que vous l'avez déjà reçu,* et cela vous sera accordé" (Marc 11:24, *Jérusalem*). Prêchant au sujet de la foi qui s'empare de la promesse, un pasteur raconta l'histoire d'un petit garçon pour qui Noël ne signifiait ordinairement qu'un bas rempli de surettes, de noix et de fruits. Combien il soupirait après un petit train rouge! Puis, un jour d'automne, le père du petit garçon lui dit: "Quand viendra la Noël, mon fils, vous aurez un train rouge comme vous l'avez toujours désiré!" Le garçon savait que son père était un homme de parole — *la promesse était aussi réelle que le train désiré.* Un jour, vers la fin du mois d'octobre, un voisin d'âge adulte remarqua que le petit garçon tirait étrangement après lui, dans la cour, un objet imaginaire. "Que faites-vous là, mon garçon?" lui demanda-t-il. *"Je tire mon train rouge!"* fut la réponse assurée de l'enfant. Et quand arriva le jour de Noël, il reçut son train rouge. Quand nous demandons au Père le don de l'Esprit, nous devons exercer la même foi enfantine.

> *Si notre foi était plus simple,*
> *Nous L'aurions pris au mot,*
> *Et notre vie serait tout ensoleillé*
> *Dans la douceur de notre Seigneur!*
> —F.W. Faber

L'apôtre Paul nous donne donc le conseil suivant: "Ainsi vous-mêmes, regardez-vous comme morts au péché, et comme vivants pour Dieu en Jésus-Christ" (Rom. 6:11). Quand l'abandon est absolu et complet, *la foi regarde comme fait accompli ce que Dieu a promis.*

Dans une station missionnaire, en Inde, on faisait des préparatifs pour la visite de l'école par un gouverneur provincial. La missionnaire qui faisait le gros des préparatifs, préparait en même temps sa maison intérieure pour recevoir l'Invité divin, l'Esprit de Dieu. Son coeur soupirait après l'Esprit, comme la biche soupire après des courants d'eau. Un autre missionnaire était debout dans la véranda, surveillant l'arrivée du gouverneur au sommet du monticule. Quand il le vit, le missionnaire de garde appela ceux qui étaient dans la maison, en disant: "Il est arrivé!" La dame dont l'attente la plus intime était un désir intense du Saint-Esprit, pensa à ce moment-là qu'on annonçait la venue de l'Esprit. Sa foi, à cet instant, ferma le circuit. Il *est* venu enfin!, pensa-t-elle. Elle se rendit tranquillement dans sa chambre, ferma la porte, s'agenouilla et remercia Dieu de ce qu'Il était venu. Quand elle sortit pour saluer la gouverneur, ses yeux brillaient d'un éclat nouveau et son visage rayonnait d'une joie qui ne provient pas du simple fait d'avoir rencontré un gouverneur!

> *Seigneur, j'attends à Tes pieds,*
> *Ma consécration est complète.*
> *Je ne veux rien Te cacher;*
> *Laisse-moi contempler Ta face glorieuse.*
>
> *Des luttes intérieures, je suis lassé;*
> *Sauve-moi, purifie-moi de tout péché.*
> *Voici mon envie et mon profond désir:*
> *Viens en moi, Feu qui épure et purifie.*
>
> *Vidé de moi-même et rempli de Toi,*
> *Esprit de Dieu demeure en moi.*
> *Aide-moi à mourir au péché et au moi;*
> *Esprit divin, viens, viens en moi.*
>
> —Haldor Lillenas

QUESTIONS À DISCUTER

1. Pourquoi est-il important pour nous de comprendre que la Pentecôte est plus qu'une expérience de purification individuelle du péché?

2. Que signifie la déclaration suivante: "Le baptême de l'Esprit ne fera pas de tous les chrétiens des évangélistes"?

3. Qu'implique la puissance donnée par le Saint-Esprit?

4. Quelles leçons les ouvriers chétiens ont-ils besoin d'apprendre de l'expérience du Dr J. Wilbur Chapman, à l'Église Wanamaker?

5. Quels dangers devons-nous éviter en parlant de la "technique" de réception du Saint-Esprit?

6. Discuter les conditions sous-jacentes requises pour être rempli du Saint-Esprit.

7. Discutez la foi en tant que la condition indispensable de réception du don de l'Esprit.

INDEX DES RÉFÉRENCES

CHAPITRE 1

1. John Wesley, *Sermons*, "Le témoignage de l'Esprit, 2° partie".
2. John Wesley, *A Plain Account of Christian Perfection*, p. 25.
3. Wiley et Culbertson, *Introduction to Christian Theology* (Kansas City: Beacon Hill), p. 355.
4. J.A. Huffman, *The Holy Spirit* (Winona Lake, Ind.: The Standard Press), p. 147.
5. Samuel Chadwick, *The Way to Pentecost* (New York: Revell, 1940), p. 106.
6. 1 Corinthiens 13:4-7, version de J.B. Phillips: *Letters to Young Churches* (New York: The Macmillan Co.).
7. Chadwick, *op. cit.*, p. 104.
8. Wesley, *A Plain account of Christian Perfection*, p. 46.

CHAPITRE 2

1. H.V. Miller, *When He Is Come* (Kansas City: Nazarene Publishing House, 1941), p. 8.
2. F.F. Bruce, *Commentary on the Book of Acts* (Grand Rapids: Eerdmans, 1955), p. 201.
3. Albert C. Winn, "Living and Walking by the Spirit," *Interpretation*, VIII, 3, p. 315.
4. *Manuel*, Église du Nazaréen, paragraphe 23.

CHAPITRE 3

1. George S. Hendry, *The Holy Spirit in Christian Theology* (Philadelphia: Westminster Press, 1956), p. 17.
2. H.V. Miller, *When He Is Come* (Kansas City: Nazarene Publishing House, 1941), p. 10.

CHAPITRE 4

1. W.T. Conner, *The Work of the Holy Spirit* (Nashville: Broadman Press, 1949), p. 179.
2. Samuel Chadwick, *The Way to Pentocost* (New York: Revell, 1940), p. 58.

3. Conner, *op. cit.,* pp. 183-187.
4. Chadwick, *op. cit.,*
5. C.W. Lowry, *The Trinity and Christian Devotion* (New York: Harper and Brothers), p. 73.

CHAPITRE 5

1. John Wesley, "A Farther Appeal to Men of Reason and Religion."
2. John Wesley, *Sermons,* "On Grieving the Holy Spirit", Introduction.
3. Sheldon, *Systematic Christian Doctrine,* p. 453.
4. *Manuel,* Église du Nazaréen, "Articles de foi", Article VIII.
5. H. Orton Wiley, *Christian Theology* (Kansas City: Beacon Hill), Vol. II, p. 378.
6. Wesley, *Sermons,* "La justification par la foi".
7. *Manuel,* Église du Nazaréen, "Articles de foi", Article IX, par. 10.
8. Voyez 1 Corinthiens 3:1-4.
9. Voyez H.V. Miller, *When He Is Come* (Kansas City: Nazarene Publishing House, 1941), pp. 17-18.
10. A.B. Simpson, *Power from on High* (Harrisburg, Pa.: Christian Publications), II, p. 78.
11. H.V. Miller, *op. cit., p. 13.*
12. E. Stanley Jones, *Victorious Living* (New York: The Abingdon Press), p. 120.

CHAPITRE 6

1. Dwight L. Moody (1837-1899), évangéliste américan de renom.
2. Samuel Brengle, *Vers la sainteté* (Kansas City: La Maison des Publications Nanaréennes, 4⁰ éd., 1984), pp. 12-13.
3. A.M. Hills, *Holiness and Power,* p. 329.
4. A.B. Simpson, *Power from on High* (Harrisburg, Pa.: Christian Publications), II, p. 115.
5. Cité par J.S. Bonnell, *Psychology for Pastor and People* (New York: Harper and Brothers), pp. 62-63.
6. Simpson, *op. cit.,* p. 79.
7. *Ibid.*
8. R.A. Torrey, *The Holy Spirit* (New York: Revell), pp. 177-178.
9. E. Stanley Jones, *Abundant Living* New York: Abingdon), p. 157.
10. François Fénelon (1651-1715); la citation est tirée de son traité sur "La Perfection chrétienne".

11. Reuben Robinson (1860-1942), dit Oncle Bud, était un évangéliste
    dans l'Église du Nazaréen bien connu dans les milieux évangéliques
    américains pour la force persuasive de ses messages brûlants.
12. *Holiness in Doctrine and Experience* (Kansas City: Nazarene Publi-
    shing House), pp. 113-114.
13. John Wesley, *Sermons,* "Le chemin du salut, d'après la Bible".

TABLE DES MATIÈRES

www.ingramcontent.com/pod-product-compliance
Lightning Source LLC
Chambersburg PA
CBHW031306060726
47590CB00003B/1081